# La résurrection et la vie

# Du même auteur

*L'Évangile dans l'Église. La Tradition vivante de la foi*, Le Centurion, 1975.

*Parole de foi. Paroles d'Église. Guide de lecture du mystère de la foi*, en collaboration avec Mgr Georges Gilson, Droguet-Ardant, 1980.

*Jésus-Christ à l'image des hommes*, DDB/Bellarmin, 1978.

*Jésus-Christ dans la tradition de l'Église*, Desclée, 1982.

*Jésus-Christ l'unique Médiateur*, t. I, Desclée, 1988.

*Réconciliés avec le Christ*, RND/Le Cerf, 1988.

PETITE ENCYCLOPÉDIE MODERNE DU CHRISTIANISME
dirigée par Georges Carpentier et Charles Ehlinger

# La résurrection et la vie

## Petite catéchèse sur les choses de la fin

*Bernard Sesboüé, s.j.*

DESCLÉE DE BROUWER

Les citations bibliques des encadrés sont empruntées à *La Bible, traduction œcuménique* (TOB), Cerf/Société biblique française, © 1988.

| *Imprimi potest* | *Imprimatur* |
| --- | --- |
| Paris, le 28 mai 1990 | Paris, le 11 juin 1990 |
| Jacques Gellard s.j., | Maurice Vidal, |
| prov. | v.e. |


76 bis, rue des Saints-Pères, 75007 Paris
ISBN 2-220-03154-3
ISSN 0986-4644

# Introduction

*Je crois*
*à la résurrection de la chair,*
*à la vie éternelle.*
*Amen.*

Symbole des apôtres

Le temps n'est pas si loin où des voix autorisées estimaient que l'homme de la société occidentale « sécularisée » n'est plus habité par les questions ultimes concernant son existence. Dans une perspective athée, l'horizon de sens, temporel et donc provisoire, créé par le travail quotidien, la famille, les loisirs, éventuellement des engagements au service d'une noble cause, était censé suffire à constituer le bonheur auquel tout être humain aspire et même à lui donner toute sa valeur et sa grandeur morales. Après tout l'homme a-t-il tellement besoin de Dieu et de la promesse d'une vie éternelle pour être homme ici et maintenant en toute dignité ?

Corrélativement, la prédication chrétienne des « fins dernières [1] » se faisait plus rare et laissait

1. « Fins dernières » est le terme classique, dans la théologie et la prédication chrétienne, pour désigner les réalités qui concernent le destin dernier de toute l'humanité à la fin du monde et le sort ultime des hommes après leur mort. Font partie de la prédication des fins derniè-

place à un silence gêné. Plusieurs raisons peuvent être invoquées. Ce que l'on appelait autrefois « les grandes vérités » concernant le destin de l'homme après sa mort était trop souvent prêché au service d'une pastorale de la peur, afin de susciter des « retours », c'est-à-dire des conversions. La description des souffrances de l'enfer y tenait une place trop complaisante. Or une telle pastorale a eu à long terme un effet de boomerang : non seulement elle n'effraie plus personne, mais encore elle alimente la désaffection, pour ne pas dire la dérision à l'égard de la foi. L'homme adulte de la société avancée ne croit plus à des histoires de croque-mitaine.

D'autre part, dans le souci légitime d'échapper au reproche fait à la religion d'être, suivant la formule de Karl Marx, « l'opium du peuple », c'est-à-dire d'exhorter à subir ici-bas afin de trouver la récompense dans l'au-delà, la prédication de ces dernières décennies a insisté sur la nécessaire transformation de notre univers terrestre et sur l'engagement chrétien dans les tâches temporelles, pour œuvrer au développement d'un monde de justice et de promotion de l'homme. Cette orientation était portée par une théologie de l'incarnation [2], parfai-

res les thèmes suivants : la fin du monde et le retour du Christ, la résurrection, le jugement général de l'humanité, mais aussi la mort et le jugement particulier de chacun, le ciel, le purgatoire et l'enfer. Aujourd'hui, à la suite du renouveau biblique, on se sert aussi du mot grec d'*eschatologie*, qui sera expliqué au début du 1er chapitre.

2. On appelle « théologie de l'incarnation » un courant de pensée chrétienne qui réfléchit aux conséquences

tement légitime en elle-même, mais utilisée de manière unilatérale en oubliant les inévitables ruptures auxquelles le salut chrétien nous appelle.

Mais voici que l'horizon change avec ce que l'on appelle parfois « le retour sauvage du religieux ». Paul Ricœur, un des meilleurs philosophes de notre temps, diagnostiquait déjà, à la veille de mai 68, ce qu'il appelait le « recul du sens » : « Nous découvrons que ce dont manquent le plus les hommes, c'est de justice, certes, d'amour sûrement, mais plus encore de signification. L'insignifiance du travail, l'insignifiance du loisir, l'insignifiance de la sexualité, voilà les problèmes sur lesquels nous débouchons [3]. » Au moment où l'homme progresse de manière spectaculaire dans le domaine de l'instrumentalité technique, il voit de moins en moins quels buts donner à son existence, en particulier quels buts définitifs, seuls capables de lui donner des raisons de vivre. L'homme ne peut se contenter du domaine du temporel et du provisoire ; un désir d'éternité habite ses amours, ses grands choix de vie, même son travail et ses loisirs. Ainsi, l'homme de ce temps se retrouve étrangement « religieux ». Mais devant ce besoin religieux incoercible, il manque de culture et de racines. Il se tourne alors trop souvent vers des expressions primitives et parfois

pour notre monde du mystère du Dieu fait homme (= incarnation) en Jésus-Christ. Ce courant y voit un appel à prendre au sérieux les réalités terrestres. Plutôt que de fuir le monde, il s'agit de le transformer et de le préparer à son salut.

3. Paul RICŒUR, « Prévision économique et choix éthique », *Esprit*, t. 346, fév. 1966, p. 189.

perverties, qui vont de l'astrologie ou de la magie, de l'ésotérisme et de la gnose [4] à une multitude de nouveaux mouvements religieux, voire de sectes, groupes d'inspiration lointainement chrétienne ou groupes venus d'Orient. Toutes les gradations s'y trouvent entre la place faite à une inspiration vraiment religieuse et l'exploitation des naïvetés déçues. C'est dans ce contexte qu'il faut situer la croyance nouvelle à la réincarnation, qui se répand de manière spectaculaire et vise à « boucher un trou » dans le domaine des interrogations sans réponse. Un tel état de choses ne va pas sans poser un problème radical aux grandes Églises.

Du côté chrétien, la demande se fait de plus en plus instante de recevoir une annonce crédible du mystère de la vie éternelle promise à l'homme. Nous sortons d'une époque où l'on avait peur de parler de la mort. Aujourd'hui chacun se préoccupe davantage du sens de sa propre mort, persuadé que celui-ci est solidaire du sens de sa vie. En réalité, personne n'échappe au cours de son existence à

4. L'astrologie croit que l'avenir dépend de la conjonction des astres. La magie prétend disposer, par des rites et des formules, des forces occultes qui régiraient la vie des hommes. On appelle ésotérisme le goût pour des connaissances réservées seulement à des initiés qui connaîtraient ainsi des secrets essentiels sur les êtres et sur le cours de l'histoire. La gnose prétend, grâce à des initiations et des doctrines réservées, ouvrir l'accès à la connaissance suprême. Ces différents courants ont aujourd'hui leurs maîtres, leurs relais et leurs publications. Il suffit de s'arrêter un moment au rayon « ésotérisme » de certaines grandes librairies pour constater l'ampleur du phénomène.

l'épreuve de la mort des siens : perdre ses parents, quel que soit leur âge, est toujours une grande douleur, même si cette mort appartient en quelque sorte au grand cycle de la vie ; car non seulement nous sommes blessés dans une affection très secrète, mais encore nous sommes mis en situation d'orphelins face à l'échéance d'une mort qui s'approche. Perdre un époux, une épouse, un frère ou une sœur, un ami cher, nous affecte plus durement encore, au cœur même de notre vie et de notre amour, car il s'agit de notre propre génération. Perdre un enfant est intolérable, car c'est par trop « contre nature ». Les enfants sont le prolongement de nous-mêmes du côté de l'avenir. Cette perte comporte une démesure dans la souffrance. Enfin la mort de l'être cher, qu'elle soit le fait d'une maladie douloureuse, d'un accident stupide ou éventuellement d'un suicide inexplicable, est toujours un scandale et débouche sur une solitude, parfois sur une culpabilité. Elle s'accompagne d'une nuit de la foi, elle peut même engendrer sa perte. Aussi la tentation de solutions sans issue est-elle grande : refus du deuil, fuite du monde, illusions de la métempsychose ou de la réincarnation, recherche de phénomènes ésotériques...

Dans cette situation de grande vulnérabilité, trop nombreux sont ceux qui se disent choqués par les attitudes ou les paroles des prêtres : réflexions maladroitement pieuses ou mots qui font mal, silence gêné ou distance subtilement prise, habileté à changer de conversation, parfois propos qui scandalisent sur ce que devient désormais celui qui est décédé.

Il y a bien sûr l'enseignement officiel de l'Église [5]. Mais, à tort ou à raison, celui-ci apparaît à beaucoup flou et obscur, éventuellement contradictoire dans ses diverses affirmations, et étranger à la culture scientifique dans laquelle baignent les hommes d'aujourd'hui. Bien de ses mots « ne passent pas ». Son langage intellectuel déçoit le besoin toujours fort de se représenter l'au-delà.

Je voudrais donc présenter dans ces pages, de manière aussi honnête que possible, les éléments principaux de la foi chrétienne en la résurrection de la chair et en la vie éternelle. Fidèle aux enseignements de l'Écriture véhiculés dans la tradition de l'Église et conscient de l'extrême difficulté du sujet, je voudrais aussi être attentif aux requêtes d'un langage capable de parler à l'attente de nos contemporains. Mon but est d'éclairer et d'aider, si possible sans blesser.

Le sujet des fins dernières a été traité par l'Écriture et la tradition ancienne de l'Église avant tout du point de vue communautaire ou collectif : il s'agit de la fin de l'humanité dans l'histoire, anticipée avec la résurrection de Jésus, Christ et Seigneur, et de l'annonce de la résurrection de la chair et du retour du Christ, juge des vivants et des morts. Ce thème fera l'objet de la première partie de ce livre, car il permet de poser les affirmations

5. Enseignement rappelé récemment par la Congrégation pour la Doctrine de la foi dans la « Lettre sur quelques questions concernant l'eschatologie », *Documentation catholique*, n° 1769, 1979, p. 708-710.

essentielles sous le jour le plus large. Mais cette annonce enveloppait évidemment la considération du sort de chaque homme au moment de sa mort physique et après celle-ci. Car chacun d'entre nous a le statut de personne dans le grand corps de l'humanité. Ce sont les différents aspects des fins dernières individuelles qui sont scrutés à partir du Moyen Age : la mort, le jugement personnel, le ciel, le purgatoire, l'enfer. Tous ces points feront l'objet de la seconde partie.

La rédaction de ce livre n'engage que ma seule responsabilité. Mais je tiens à dire avec reconnaissance le rôle qu'a joué dans son élaboration un dialogue continu, entretenu pendant plusieurs années, avec des membres de la Fraternité « Jonathan Pierres vivantes » et leurs accompagnateurs du sanctuaire de Montligeon. Ces hommes et ces femmes dépassent leur propre épreuve d'avoir perdu un enfant en aidant de leur charité, de leur espérance et de leur foi ceux qui sont nouvellement confrontés à la même détresse.

# I
# Résurrection
# et
# fin du monde

# 1. La fin déjà présente

## *L'eschatologie ou le discours de la fin*

APPRIVOISONS tout de suite ce grand mot technique de la théologie : l'*eschato-logie*, c'est le discours qui concerne ce qui est dernier *(eschatos)* ou ultime. Quand nous employons ce mot, nous pensons donc spontanément à ce qui va se produire lors de la fin de l'histoire et du retour du Christ. Ce terme nous tourne vers l'avenir et l'on peut dire avec le théologien K. Rahner que l'eschatologie, c'est le problème de l'avenir. Nous sommes tous tendus vers l'avenir. Un « futur sans avenir » est un non-sens, une sorte de condamnation à mort. La jeunesse exerce une séduction propre, car elle représente l'avenir, un avenir que l'on espère infiniment meilleur que le présent. L'avenir, on le rêve sous la forme de lendemains qui chantent, on le prépare aussi avec toute la force de son travail. L'avenir est un point de fuite qui se déplace sans cesse, tel un mirage, mais dont on ne peut penser qu'il soit simplement un indéfini. L'avenir doit déboucher sur autre chose que la perpétuelle succession des temps : nous souhaitons tous qu'il ouvre sur le présent stable d'une vie qui ne vieillisse jamais. Notre poursuite de l'avenir est, en définitive, la recherche d'une fin qui ne soit pas un simple terme, mais un but pleinement accompli. Dans cette orientation vers l'avenir, se cache un désir de quelque chose de « définitif », en d'autres termes d'éternel. Cela seul peut donner sens et valeur aux pauvres efforts de notre vie et à l'amour qui la traverse. En langage chrétien tout ce mouvement qui porte l'homme vers l'avenir s'appelle l'espérance. La foi nous dit qu'il est déjà habité par le don de Dieu.

### *L'événement de Jésus est un événement « eschatologique »*

Or le mystère de la foi chrétienne, mystère de salut pour tous les hommes, fondé dans l'événement de Jésus mort et ressuscité, est tout entier eschatologique. Car non seulement il est orienté vers l'avenir que Dieu prépare aux hommes, mais encore il anticipe et réalise déjà pour une part cet avenir dans notre présent.

Déjà Jésus annonçait le Royaume de Dieu à la fois comme tout proche, présent du simple fait que lui-même était là, et comme à venir, c'est-à-dire comme l'objet de la grande promesse de Dieu. Jésus se situait d'ailleurs dans l'hypothèse d'une fin des temps imminente. Mais cette urgence chronologique n'est qu'un symbole de la véritable urgence, celle du salut des hommes, et qui résulte de l'intervention directe de Dieu envoyant son Fils annoncer la bonne nouvelle du pardon pour tous. L'urgence de cet événement inouï et « définitif », c'est la conversion.

De même, pour les apôtres, « si Jésus est ressuscité, c'est déjà la fin du monde [1] ». Paradoxalement, ce qui surprend les disciples qui attendaient la résurrection générale, c'est que Jésus soit ressuscité seul. Car Jésus ne peut être ressuscité que comme « prémices de ceux qui se sont endormis » (1 Corinthiens 15, 20). La fin des temps est donc devenue proche de manière qualitative, quoi qu'il en soit de la chronologie à venir, parce que « en ces temps qui sont les derniers, Dieu nous a parlé en son Fils » (Hébreux 1, 2).

## *Le définitif est déjà là*

Mais, dira-t-on, un tel discours ne se paie-t-il pas de mots ? Le temps continue et à vue d'histoire qui saurait en prédire la fin ? L'essentiel n'est pas là : le discours eschatologique chrétien n'a pas pour rôle de satisfaire notre curiosité en nous donnant une sorte de « reportage » anticipé de la fin, pas plus que le discours sur l'origine du monde et la création n'a pour but de nous proposer une connaissance scientifique ou la chronique de ce qui par hypothèse n'a pas eu de témoin humain. Ce que

1. W. PANNENBERG, *Esquisse d'une christologie*, Paris, Cerf 1971, p. 73.

nous dit la foi chrétienne est que le « définitif », vers lequel nous cheminons et qui est l'objet de notre espérance, est déjà présent, donné parmi nous. Dire que la fin de l'histoire est anticipée dans la résurrection de Jésus, qui est un événement de salut, c'est dire que toute l'histoire des hommes est sauvée, qu'elle n'ira pas à la catastrophe universelle ou à la perdition générale. C'est dire que, malgré son péché et malgré le risque que la liberté de chacun continue de courir en ce monde, à travers ses épreuves et ses drames, l'humanité est en train de réussir, qu'elle progresse vers son accomplissement bienheureux en Dieu. Cela est de l'ordre du définitif et de l'irréversible, cela est déjà donné en même temps que promis.

Ainsi, depuis la venue de Jésus, l'humanité vit-elle une tension entre un déjà-là et un pas-encore. Le présent transitoire des hommes et le don que Dieu leur destine dans l'au-delà ne sont pas des réalités extérieures l'une à l'autre. Le salut est accompli, l'Esprit de Dieu a été donné, les sacrements sont là pour faire vivre les hommes de la « vie éternelle ». « Celui qui mange ma chair et boit mon sang, dit Jésus dans l'évangile de saint Jean, a la vie éternelle, et moi, je le ressusciterai au dernier jour » (Jean 6, 54). Les hommes peuvent désormais vivre de la grâce de Dieu, même si celle-ci demeure largement cachée et ne se manifeste dans notre histoire que dans des signes discrets. « Vous êtes morts et votre vie est cachée avec le Christ en Dieu. Quand le Christ apparaîtra, votre vie, alors vous aussi vous apparaîtrez avec lui en gloire » (Colossiens 3, 3). Sans doute l'humanité doit-elle encore

**Ressuscités avec le Christ**

*Du moment que vous êtes ressuscités avec le Christ, recherchez ce qui est en haut, là où se trouve le Christ, assis à la droite de Dieu. C'est en haut qu'est votre but, non sur la terre. Vous êtes morts, en effet, et votre vie est cachée avec le Christ en Dieu. Quand le Christ, votre vie, paraîtra, alors vous aussi, vous paraîtrez avec lui en pleine gloire.*

Saint Paul, lettre aux Colossiens 3, 1-4

passer par une « rupture », afin d'entrer dans la gloire pleinement manifestée de Dieu. Mais, « en définitive », la vie qui nous est promise en Dieu n'est pas autre que celle dont nous vivons déjà : nous *avons* la vie éternelle. Entre le mystère du Christ vécu aujourd'hui dans la grâce et le mystère du Christ en gloire où Dieu sera manifesté tout en tous il n'y a pas de différence essentielle ; il y a seulement la distance entre ce qui est encore en cours d'accomplissement, mais sans pouvoir régresser, et ce qui est totalement accompli.

Naguère, après la deuxième guerre mondiale, Oscar Cullmann avait popularisé cette donnée en utilisant l'image parlante du jour J et du jour V. Le jour J était celui du débarquement en Normandie et le jour V celui de la victoire finale. A partir du moment où le débarquement était réussi, on pouvait considérer la guerre comme gagnée. Ce succès était irréversible. Pourtant la guerre continuait, avec son cortège de drames et de morts. Ce n'est qu'au jour V que la paix tant attendue pouvait ouvrir à une ère de vrai bonheur.

Cette vue doit changer notre regard et sur la vie présente et sur la vie attendue. Le chrétien n'est pas partagé entre les deux termes d'un faux dualisme : ou bien s'attacher aux tâches temporelles, ou bien préparer la vie éternelle ; ou bien s'enfermer dans un « horizontalisme » plat, ou bien confisquer ses énergies au service d'une « verticalité » illusoire. Car si le « définitif » est déjà là, cela veut dire aussi que ce que nous faisons ici-bas a valeur définitive et peut entrer dans ce grand mouvement de salut. Il n'y a plus de rupture entre le temps et l'éternité : par le Christ le temps a enfanté un salut éternel. Nos libertés sont elles aussi capables de s'engager pour un enjeu éternel.

### *Comment parler des réalités définitives*

Si donc nous voulons parler de l'eschatologie, il nous suffit de transposer en termes d'éternité les données du mystère dont nous vivons déjà et qui n'auraient aucun sens si nous avions « mis notre espérance dans le Christ pour cette vie seulement » (1 Corinthiens 15, 19). Mais ici un redoutable problème de langage nous est posé. Notre langage est fondé sur la multitude des expériences que nous faisons dans notre espace et dans notre temps terrestre. Il est toujours porté par des images ou des représentations qui nous aident à penser. Or le langage religieux entend exprimer le rapport de l'homme et du monde à Dieu : pour ce faire, il est obligé d'appliquer, en les transposant, à un domaine transcendant les mots élaborés dans l'expérience de notre monde. Quand l'événement religieux se produit au sein de notre histoire, les données historiques et les représentations qui leur sont liées fournissent un support important et réel à l'affirmation de la foi. Au contraire, quand on parle de l'événement religieux qui se place aux limites de cette même histoire et concerne son commencement et sa fin, la difficulté redouble. Nous ne disposons plus ici d'aucun support historique ou cosmique. Les idées et les mots tirés de notre espace-temps défaillent absolument pour exprimer les deux passages de l'éternité au temps et du temps à l'éternité que sont la création et la fin du monde. Et pourtant nous ne pouvons ni penser ni parler sans nous servir de nos représentations. C'est ce que font aussi la révélation et la foi chrétiennes, en tant qu'elles sont des discours humains. Mais les représentations deviennent alors des *symboles*, le mot étant entendu ici en un sens noble et fort. Ces symboles sont insérés dans des récits que l'on pourra qualifier de mythiques, non pas pour les dévaloriser, mais pour souligner que leur sens se situe au-delà de la matérialité de l'histoire qu'ils racontent. C'est ainsi que les représentations eschatologiques de la Bible entendent exprimer la rencontre dernière, « définitive », de l'humanité avec Dieu, qui suppose mouvement et passage, mouvement de Dieu vers l'humanité et passage de l'humanité en Dieu. Ce passage tout à fait unique sera exprimé en utilisant les mots de tous les passages dont nous avons l'expérience dans notre monde et notre histoire.

## *Les grandes images bibliques*

Certaines images appartiennent au genre littéraire apocalyptique, c'est-à-dire au cadre d'une vision où un prophète, ou l'écrivain, reçoit communication d'un message. Il décrit alors, selon divers scénarios, ce qui doit arriver à l'approche de la fin des temps jusqu'à l'inauguration du triomphe définitif du Christ. Ces récits annoncent d'une part des épreuves, des calamités, qui sont le signe de l'exacerbation du drame de l'opposition entre la liberté pécheresse des hommes et la volonté de salut de Dieu. C'est ainsi que Jésus, dans les évangiles synoptiques (Matthieu 24, 1-44; Marc 13, 1-35; Luc 17, 17, 23-35 et 21, 5-31), appelle à la vigilance en annonçant les grandes tribulations qui précéderont l'avènement du Fils de l'homme. C'est ainsi que l'Apocalypse de Jean décrit les épreuves eschatologiques de l'Église avant les noces de l'Agneau. Mais, d'autre part, la description apocalyptique débouche dans les deux cas, au-delà des images d'un cataclysme cosmique traduisant la rupture radicale que constituera pour notre cosmos la fin du monde, sur la manifestation glorieuse et pacifique du Fils de l'homme. L'Apocalypse mentionne le jugement, annonce la victoire définitive du Messie et s'achève sur la vision heureuse des nouveaux cieux et de la terre nouvelle et décrit la cité de Dieu avec les hommes comme une Jérusalem nouvelle en tout point parfaite, à l'aide de nombreuses réminiscences des livres de la Bible (Apocalypse 21).

De même saint Paul décrit la résurrection des morts au son de la trompette de Dieu comme une

**Vision apocalyptique de la fin**

*Alors je vis un ciel nouveau et une terre nouvelle,*
*car le premier ciel et la première terre ont disparu*
*et la mer n'est plus.*
*Et la cité sainte, la Jérusalem nouvelle,*
*je la vis qui descendait du ciel, d'auprès de Dieu,*
*comme une épouse qui s'est parée pour son époux.*
*Et j'entendis, venant du trône, une voix forte qui disait :*
*« Voici la demeure de Dieu avec les hommes.*
*Il demeurera avec eux.*
*Ils seront ses peuples et lui sera le Dieu-qui-est-avec-eux.*
*Il essuiera toute larme de leurs yeux.*
*La mort ne sera plus.*
*Il n'y aura plus ni deuil, ni cri, ni souffrance,*
*car le monde ancien a disparu. »*
*Et celui qui siège sur le trône dit :*
*« Voici, je fais toutes choses nouvelles. »*

Apocalypse 21, 1-5

immense comparution de l'humanité devant le Christ (1 Thessaloniciens 4, 13-17). La vie céleste est décrite soit sous le mode d'une glorieuse liturgie célébrée autour du trône de Dieu et de l'Agneau (Apocalypse 7, 9-17), soit comme un repas de fête analogue à nos repas de noces. On y trouve aussi les images du repos, qui s'oppose au caractère harrassant du travail humain, de la fraîcheur, si bienfaisante dans les pays de grosse chaleur, de la lumière, indispensable à nos yeux, et plus généralement tout ce qui relève de la fête. Toutes ces images sont signifiantes, car elles absolutisent dans l'éternel des instants de bonheur ou d'amour humain particulièrement forts, instants trop fugitifs sur terre et que nous voudrions voir durer sans qu'ils ne vieillissent.

Dans ces premières réflexions un maître mot est souvent revenu : celui de résurrection, lui-même lié à celui de vie. L'eschatologie chrétienne nous promet la vie à travers la résurrection. C'est donc sur ce mot qu'il faut concentrer notre attention : comment la pensée biblique en est-elle venue à élaborer l'espérance en la résurrection ? Quel sens devons-nous reconnaître à la résurrection du Christ ? Comment devons-nous comprendre notre propre résurrection ?

# 2. La genèse de la foi en la résurrection

Ce n'est pas du premier coup que la révélation de l'Ancien Testament en est venue à annoncer la résurrection de l'homme. Il y fallut une lente pédagogie, amenant une découverte progressive, allant de pair avec la montée des autres aspects de la révélation. On peut schématiser cette progression en trois grandes étapes.

### *La croyance primitive : le « shéol » ou les enfers de l'oubli*

Le grand bien de l'homme, c'est la vie et la mort apparaît comme la catastrophe par excellence. Pourtant tout n'est pas fini avec elle. A la mort, l'homme va au « shéol », ou aux enfers, équivalent juif de l'« hadès » pour les Grecs, c'est-à-dire un lieu de ténèbres (Job 10, 21-22), de poussière (Job 17, 16) et de silence (Psaume 94, 17), sorte de prison munie de portes (Jonas, 2, 7 ; Job 38, 17), où des ombres mènent une vie évanescente, semblable à un triste sommeil (Daniel 12, 2), partageant un sort misérable qui est proche de l'inexistence (Job 7, 8-21). Ce shéol n'est pas un lieu de punition, mais plutôt un lieu de perdition, « le pays de l'oubli ». C'est un lieu où l'homme ne peut plus connaître Dieu, n'a plus d'amour, de sagesse, ni d'activité : « Ferais-tu des prodiges pour les morts, les ombres se lèveraient-elles pour te louer ? Peut-on chanter ta bonté dans la tombe, et ta fidélité au sein de la ruine ? Connaît-on tes exploits dans les ténèbres et ta justice au pays de l'oubli ? » (Psaume 88, 10-13). De ce pays nul ne revient, personne ne remonte (Job 10, 21) : telle est la loi inexorable.

Cette conception du shéol est la transposition des images traditionnellement liées à la sépulture : le trou de la tombe où le corps du défunt retourne dans le sein obscur de la terre devient dans l'imaginaire ce lieu mythique, fosse immense et sans lumière, située « en bas », dans les profondeurs. De même que le corps, qui semble dormir, se dégrade, de même le souffle de vie s'exténue dans un sommeil privé de tout bonheur. Les morts sont voués à l'oubli et nul n'est revenu de la tombe. L'idée de shéol résume l'ensemble des expériences dramatiques que de manière immémoriale l'humanité fait à propos de la mort.

Dans une telle perspective l'espérance de l'homme demeure liée à la vie terrestre. Les promesses de Dieu concernent la possession tranquille et prospère d'une terre promise qui sera féconde (Deutéronome 7, 12-15 ; 8, 7-10). La grande malédiction est de mourir prématurément « non rassasié de jours ». Puisque l'homme va au shéol, le seul moyen pour lui de survivre est d'avoir de nombreux enfants, de se prolonger lui-même à travers des êtres sortis de lui. Telle est la première victoire sur la mort : « Quand tu seras couché avec tes pères, je maintiendrai après toi le lignage issu de tes entrailles » (2 Samuel 7, 12).

### *Mais où est la justice ?*

Mais cette conception primitive pose bien vite le problème de la justice. Normalement la bénédiction de Dieu doit se manifester par la longue vie de l'homme droit qui respecte l'alliance, et la mort prématurée devrait être le châtiment du méchant. Mais l'expérience montre que la mort fauche n'importe qui aveuglément : des justes sont dans l'affliction, la persécution ou meurent, tandis que nombre de méchants prospèrent impunément. Où donc est alors la justice de Dieu [1] ? Tel est le redoutable problème posé par le livre de Job, écrit sans doute vers 400 avant J.-C. Car, dans l'épreuve de son malheur immense, Job proteste de son innocence et de sa justice ; il refuse les discours faciles et bien-pensants de ses interlocuteurs qui essaient de le persuader de se reconnaître coupable. Sa souffrance le conduit aux portes de la révolte : « Pourquoi les méchants ont-il vie, vieillissant et croissant

1. La justice de Dieu n'est envisagée ici que sous l'angle de la question de la rétribution. La portée de la justice justifiante et miséricordieuse de Dieu sera évoquée plus loin, p. 75-78.

**Que gagne-t-on à invoquer Dieu ?**

*Pourquoi les scélérats vivent-ils ?*
*Vieillir, c'est pour eux accroître leur pouvoir.*
*Leur postérité s'affermit en face d'eux.*
*Leurs maisons en paix ignorent la peur.*
*La férule de Dieu les épargne.*
*Leur taureau féconde sans faillir,*
*leur vache met bas sans avorter.*
*Ils laissent leurs gamins s'ébattre en troupeaux*
*et leur marmaille danser.*
*On improvise sur le tambourin et la harpe,*
*on se divertit au son de la flûte.*
*Ils consument leurs jours dans le bonheur.*
*Or ils avaient dit à Dieu :*
*« Écarte-toi de nous,*
*connaître tes voies ne nous plaît pas.*
*Le Puissant vaut-il qu'on se fasse son esclave ?*
*Et que gagne-t-on à l'invoquer ? »*
*Le bonheur n'est-il pas en leurs mains ?*

Job 21, 7-16

en puissance ? Leur postérité tient ferme autour d'eux, leurs rejetons poussent sous leurs yeux » (Job 21, 7-8). Ou encore : « Au jour de malheur le méchant est sauf, au jour de colère, il reste gai » (v. 30). Dès lors, à quoi bon servir Dieu : « Qu'est le Puissant, pour que nous le servions, quel profit pour nous à le supplier ?... Dieu réserve-t-il à ses fils son châtiment ? » (v. 15-19). Cette même révolte a son écho dans les psaumes. Mais dans un premier temps, toutes les réponses laissent la place à un mystère opaque.

Depuis longtemps d'ailleurs, l'épreuve de la mort et la situation lamentable de l'homme aux enfers étaient mises en rapport avec le péché de l'humanité. Elles en sont le fruit. Quand il s'agit du sort d'un homme personnellement et décidément pécheur, les images se radicalisent : le séjour souterrain est alors décrit comme un lieu de souffrances, et comme le résultat d'une révolte de toute la création qui engloutit le pécheur. C'est ainsi qu'intervient l'image du feu, qui rappelle l'embrasement de Sodome et Gomorrhe (Genèse 19, 23 ; Amos 4, 11) ou évoque le feu perpétuel brûlant les immondices dans la vallée de la Géhenne, lieu nauséabond par excellence au pied de Jérusalem. Et de même que les vers se nourrissent de la putréfaction, on parle du ver qui ronge, symbole des remords inextinguibles de la conscience. Mais s'il en va ainsi des méchants, tel ne peut être le sort des justes. La justice de Dieu est ici en cause.

### *Les pressentiments des prophètes*

Une série de brèches commence cependant à entamer la conception traditionnelle du shéol. Déjà le cantique d'Anne affirme la toute-puissance de Dieu sur la vie et la mort : « Yahvé fait mourir et Yahvé fait vivre, il fait descendre au shéol et en fait remonter » (1 Samuel 2, 7). Élie et Élisée opèrent des résurrections (1 Rois 17, 17-24 ; 2 Rois 4, 31-37 ; 13, 21). Il y a là un signe symbolique que Dieu est plus fort que la puissance de la mort, puisqu'il est capable de rendre la vie. Amos, au VIIIe siècle affirme que Dieu a pouvoir sur le shéol lui-même (Amos 9, 2 ; cf. Psaume 139, 8). « Où est ta peste, ô mort ? où est ton fléau, ô shéol ? » dit Osée (13, 14). De même, quand le roi Ézéchias est malade et promis à la mort, Dieu lui annonce, à sa prière et par la parole d'Isaïe, que quinze années de vie lui sont ajoutées (Isaïe 38, 5). Nous sommes toujours dans l'hypothèse de la bénédiction terrestre et la conception du shéol reste présente. Cependant, dans le cantique où il rend grâce, Ézéchias voit dans ce don une victoire sur la mort : « Tu t'es assez plu en ma vie pour la tirer de la fosse du néant » (v. 17). Si la vision des ossements desséchés chez Ézéchiel (ch. 37) concerne la restauration du peuple en Israël après l'exil du VIe siècle et non pas une résurrection des morts, sa description puissante ouvre les esprits à la perspective de la résurrection. Un texte d'Isaïe a sans doute la même portée : « Tes morts vivront, mes cadavres se lèveront ; réveillez-vous, exultez, habitants de la poussière... » (Isaïe 26, 19). Le contexte de cette même parole insinue aussi la conception d'un shéol qui n'est plus neutre, mais le lieu d'une punition des méchants (Isaïe 26, 14), ce qui amorce une distinction entre le sort des justes et le leur.

Le sort dévolu au mystérieux serviteur souffrant [2] d'Isaïe comporte une promesse très voilée

2. Le Serviteur de Dieu est la figure mystérieuse annoncée dans quatre beaux textes de la deuxième partie du livre d'Isaïe et datant de l'exil. Après l'échec des

de résurrection. Car s'il a « été enseveli avec les méchants,... il verra une descendance, il prolongera ses jours et le bon plaisir de Yahvé s'accomplira par sa main. A cause de sa peine, il verra, il sera rassasié » (Isaïe 53, 9-11). Le Serviteur de Yahvé est ainsi l'agent d'un salut aux perspectives infinies.

### *Le témoignage formel des derniers écrits de l'Ancien Testament*

Il faut attendre les livres les plus récents de l'Ancien Testament pour recueillir une affirmation nette de la résurrection. Dans ces témoignages la tradition de l'apocalyptique [3] juive tient une place importante.

Dans ce dernier genre littéraire, le livre de Daniel affirme à la fois la résurrection générale et une double rétribution, l'une pour la vie et l'autre pour l'opprobre. On voit donc apparaître la transformation de l'idée de shéol, ou des enfers, en celle de l'enfer proprement dit :

---

rois et des prêtres, le salut sera réalisé par cet homme, à la fidélité sans faille, qui sera méprisé, rejeté et mis à mort. Les chrétiens y verront l'annonce de Jésus, livré dans sa passion.

3. Le mot apocalypse signifie « révélation ». On appelle « apocalyptique » un genre littéraire qui se développe après l'exil. Les auteurs y annoncent la victoire finale de Dieu et des élus par des révélations, des visions fantastiques et des scénarios de grands combats entre les messagers de Dieu et les forces du mal. Il s'agit d'écrits d'encouragement et d'espoir pour les croyants aux prises avec les persécutions.

En ce temps-là ton peuple sera sauvé, quiconque se trouvera inscrit dans le Livre. Et la foule de ceux qui dorment dans la poussière se réveillera, les uns pour la vie éternelle, les autres pour la honte, pour la réprobation éternelle. Les sages brilleront comme la splendeur du firmament ; et ceux qui en auront conduit beaucoup à la justice, comme les étoiles, éternellement et toujours (Daniel 12, 1-3).

A cette prise de conscience la persécution exercée au IIe siècle avant Jésus-Christ par Antiochus Épiphane contre Israël a beaucoup contribué. Elle pose, en effet, avec acuité le problème de la rétribution. Quel sera le sort des martyrs d'Israël ? La réponse est parfaitement claire : le Dieu créateur, capable de former la vie dans les entrailles d'une femme, est aussi le Dieu re-créateur, capable de redonner définitivement la vie. La mère des sept frères successivement martyrisés s'exprime ainsi devant ses enfants : « Aussi bien le créateur du monde, qui a modelé l'homme à son origine, qui a inventé originellement toutes choses, vous rendra-t-il, dans sa miséricorde, le souffle de vie, puisqu'aujourd'hui vous ne faites pas cas de vous-mêmes à cause de ses lois » (2 Maccabées 7, 23)

La tradition sapientielle s'ouvre elle aussi à cette vision. Mais le livre de la Sagesse, davantage marqué par la culture grecque, emploie plutôt le langage de l'immortalité de l'âme. Il faut entendre ici par âme non seulement le principe métaphysique, mais aussi le souffle de vie et le principe de la personnalité :

Les âmes des justes sont dans la main de Dieu ; les tourments ne peuvent les atteindre. Au yeux des insensés ils ont paru mourir, leur départ a été regardé comme un malheur, et leur voyage loin de nous comme une ruine, mais eux sont dans la paix. Même si aux yeux des hommes ils ont été châtiés, leur espérance était pleine d'immortalité... Dieu les a mis à l'épreuve et trouvés dignes de lui. Il... les a accueillis. Au moment où ils seront visités, ils resplendiront... (Sagesse 3, 1-7). Mais le juste, même dans une fin prématurée, sera dans le repos car une vieillesse honorable n'exige pas la longueur du temps... Devenu agréable à Dieu, il fut aimé de lui ;... rendu parfait en peu de temps, il a accompli de longues années ; car son âme était agréable au Seigneur, c'est pourquoi elle s'est empressée de sortir d'une ambiance perverse (4, 7-14).

On remarque dans ce texte une conversion fondamentale des idées anciennes sur le bienfait de la longue vie. Désormais, une vie dans la justice vaut le nombre des années. Une mort précoce n'est pas un malheur mais peut être la marque d'un amour de Dieu et une libération d'un monde habité par le mal. C'est déjà l'affirmation de la « vie éternelle ».

La doctrine de la résurrection des morts s'est rapidement et largement imposée en Israël au Ier siècle avant J.-C. Au seuil du Nouveau Testament, elle est devenue un bien commun du judaïsme, même si la secte des sadducéens ne l'admet pas et la traite en dérision en posant à son sujet à Jésus la question ridicule de la femme qui a eu sept maris (Matthieu 22, 23-28). C'est au sein de l'attente de la résurrection générale (cf. Jean 11, 24), que sera reconnue dans la foi la résurrection de Jésus.

**Un itinéraire de découverte mystique**

*Dieu, garde-moi, car j'ai fait de toi mon refuge.*
*Je dis au Seigneur : C'est toi le Seigneur !*
*Je n'ai pas de plus grand bonheur que toi !*

*Seigneur, mon héritage et ma part à la coupe,*
*tu tiens mon destin.*
*Le sort qui m'échoit est délicieux,*
*la part que j'ai reçue est la plus belle.*

*Je bénis le Seigneur qui me conseille,*
*même la nuit ma conscience m'avertit.*
*Je garde sans cesse le Seigneur devant moi ;*
*comme il est à ma droite, je suis inébranlable.*

*Aussi mon cœur se réjouit, mon âme exulte*
*et ma chair demeure en sûreté,*
*car tu ne m'abandonnes pas aux enfers,*
*tu ne laisses pas ton fidèle voir la fosse.*

*Tu me fais connaître la route de la vie ;*
*la joie abonde près de ta face,*
*à ta droite, les délices éternelles.*

Psaume 16, 1.2.5-11

## *Le fruit d'une triple poussée* [4]

Cette pédagogie de la révélation conduit à l'idée de résurrection et d'immortalité de l'homme sous la pression d'une triple poussée.

---

4. Je m'inspire sur ce point d'une note dactylographiée de l'exégète P.-E. Bonnard.

La première est celle de l'*amour* : la vie spirituelle du peuple juif développe le désir de vivre avec Dieu de manière intime, sans interruption et sans fin (cf. Psaume 16 ; 49, 73). L'homme a été créé à l'image et à la ressemblance de Dieu et son désir le plus profond est de vivre toujours en communion avec lui.

La seconde poussée, on l'a vu, est celle de la *justice* : le premier shéol nivelait définitivement tous les humains, quels qu'aient été leurs actions. Il faisait scandale au regard de la justice de Dieu et contredisait l'espérance des martyrs.

Enfin la troisième poussée est celle de la *vie* : le créateur peut recréer. Le Dieu de la vie est plus fort que la mort. Ce bref parcours historique de la genèse de la foi en la résurrection au cours de l'Ancien Testament n'est pas sans signification pour nous aujourd'hui. Car il représente en quelque sorte des étapes que nous avons nous aussi à parcourir, quelle que soit la force de notre foi, depuis la perception du scandale de la mort, depuis l'expérience souffrante de la séparation qui nous semble si proche de la tombée dans le néant, jusqu'à la prise en compte de notre espérance d'une vie au-delà de cette vie, espérance qui habite tout homme au plus profond de lui-même. Dans la pédagogie divine la révélation vient répondre aux attentes les plus fortes de l'homme, en même temps qu'elle les dépasse.

# 3. Le foyer de lumière : la résurrection du Christ

### *Jésus guérit les malades et ressuscite des morts*

QUAND Jésus commence son ministère public, il annonce la venue du Royaume de Dieu, c'est-à-dire le don que Dieu fait aux hommes de lui-même, en leur pardonnant leurs péchés et en les réconciliant entre eux et avec lui ; il proclame les béatitudes, charte de ce Royaume ; et il raconte des paraboles, afin de permettre à chacun de réaliser ce qui se passe et de se convertir à cette Bonne Nouvelle.

Mais Jésus ne fait pas que parler : il agit. Le Royaume qu'il annonce, il l'inaugure aussi par sa présence et ses gestes. Parmi ces gestes, le plus important est sans doute son initiative d'aller manger à la table des pécheurs et de pardonner les péchés (Matthieu 9, 2 ; Luc 7, 48) au grand scandale de certains. Mais le plus souvent le pardon des péchés est lié au salut des corps. Jésus ne reste pas insensible à la souffrance de la maladie et des diverses aliénations qui enferment l'homme et lui retirent sa liberté, toutes choses qui sont, pour les anciens, l'effet de la possession par des esprits mauvais. Aussi ses miracles de guérison sont-ils des signes du Royaume : ils ont pour but de libérer l'homme, de le rendre à sa vérité, de lui donner la plénitude de la vie et le bonheur, bref de le sauver. Si la maladie est le signe mystérieux du désordre et du péché qui habitent tout homme, la guérison du corps est alors aussi un signe de la libération des péchés, c'est-à-dire de la guérison de la liberté (Marc 2, 10-11).

Car le lien étroit établi dans les évangiles entre guérison du corps et pardon des péchés ne doit pas faire oublier l'importance donnée au salut des corps en tant que tels. Les guérisons tiennent une place importante et l'on peut considérer les trois résurrections rapportées par les évangiles, celle du fils de la veuve de Naïm (Luc 7, 11-17), celle de la fille de Jaïre (Luc 8, 49-56) et celle de Lazare (Jean 11, 1-44) comme la forme extrême de la guérison. La maladie est un signe avant-coureur de la mort ; trop souvent elle va à la mort ; quand Jésus n'est pas arrivé à temps pour en arrêter le cours, il lui fait en quelque sorte rebrousser chemin : il rend à la vie, mais à notre vie provisoire et temporelle, celui qui avait passé la frontière de la mort.

En guérissant et en ressuscitant, Jésus apporte une réponse simple et parlante à la question : en quoi consiste le Royaume de Dieu ? — Ceux qui y croient reviennent à la santé et à la vie. Leurs corps sont sauvés. Les guérisons sont des annonces « messianiques », c'est-à-dire des annonces de ce que le Messie-Sauveur est capable de faire de manière définitive. Elles ont valeur symbolique et disent à leur manière ce que sera le monde sauvé. Elles annoncent la victoire définitive de la vie sur la mort. A travers elles, on peut voir que le salut apporté par Jésus intéresse tout l'homme, y compris sa fragile condition charnelle. Aussi le salut des corps apporté par Jésus est-il signifié, de manière symbolique, jusque dans la mort. Les trois résurrections annoncent que le salut de l'homme consiste en sa totale et définitive résurrection.

Cette attention de Jésus aux corps nous invite à être attentifs au rôle de son propre corps. Tout ce que dit et fait Jésus passe par son corps : sa parole passe par sa voix d'homme ; la guérison passe par le toucher de sa main. Ainsi le salut apporté par lui va-t-il de son propre corps au corps malade, et même au corps déjà mort. Qu'en sera-t-il donc du corps même de Jésus, une fois qu'il aura passé, comme tout homme, par la loi de la mort ?

### *Jésus a changé le sens de la mort*

Car Jésus ne peut pas ressusciter sans traverser d'abord l'épreuve de la mort. S'il ne l'avait pas fait, il n'aurait pas vraiment partagé notre condition humaine, et sa résurrection, pour autant que ce mot puisse encore avoir un sens en une telle hypothèse, ne nous concernerait pas. Lui, l'Innocent, l'homme sans péché, a assumé la condition de l'homme pécheur ; il a accepté de se confronter à l'épreuve de l'agonie et au scandale obscur de la mort. Le lien de la mort au péché est pour lui une évidence,

**Je suis la résurrection et la vie**

*Marthe dit à Jésus :*
*« Seigneur, si tu avais été ici, mon frère ne serait pas mort. Mais maintenant encore, je sais que tout ce que tu demanderas à Dieu, Dieu te le donnera. »*
*Jésus lui dit :*
*« Ton frère ressuscitera. »*
*« Je sais, répondit-elle, qu'il ressuscitera lors de la résurrection, au dernier jour. »*
*Jésus lui dit :*
*« Je suis la Résurrection et la Vie : celui qui croit en moi, même s'il meurt, vivra ; et quiconque vit et croit en moi, ne mourra jamais. »*

Jean 11, 21-26

puisqu'il reçoit sa mort de la violence pécheresse des hommes. Il fait dans sa chair l'expérience que le péché va à la mort.

Mais Jésus a changé le sens de la mort, en aimant jusqu'au bout les siens qui étaient dans le monde. De même que toute son existence a été une « existence pour » son Père et ses frères les hommes, de même sa mort a été une « mort pour nous » dans une obéissance filiale et aimante au Père qui lui-même donnait son Fils. Sa mort a été un combat, le combat de l'amour avec la haine, de la réconciliation et du pardon avec la division du mensonge et de la violence, bref un combat entre la vie et la mort. Or la mort s'est trouvée vaincue sur le lieu même de son triomphe apparent. Car une telle manière de mourir ne peut pas mourir. La mort de Jésus est une œuvre de vie. Il a donné *sa vie* pour nous donner *la vie*. Jésus a remis sa vie entre les mains du Père, afin que celui-ci la lui redonne de manière définitive comme un fruit de salut pour tous les hommes. Tel est le véritable sens de ce que l'on appelle le sacrifice du Christ.

### *Jésus est vraiment ressuscité*

Avec la résurrection de Jésus nous arrivons au cœur du message chrétien sur l'homme et son salut. « Si le Christ n'est pas ressuscité, écrit saint Paul, votre foi est illusoire, vous êtes encore dans vos péchés » (1 Corinthiens 15, 17). Ce n'est pas l'objet de ce livre de détailler les conditions d'accès à la foi en la résurrection de Jésus, la nature propre de celle-ci, son rapport à l'histoire et sa portée christologique [1]. Mon but est seulement de souligner sa signification « eschatologique ».

Tout d'abord une donnée s'impose : en ressuscitant, Jésus n'est pas revenu à son état de vie antérieur. Le mode de sa manifestation à ses disciples est tout autre ; il n'est plus de l'ordre du compagnonnage continu, mais de la manifestation soudaine et gratuite qui échappe aux lois de notre espace et de notre temps. Sans doute Jésus ressuscité s'est-il donné à voir aux siens sous une forme

1. Cf. sur ce point, B. SESBOÜÉ, *Jésus-Christ dans la tradition de l'Église*, Paris, Desclée, 1982.

adaptée au fait qu'eux-mêmes n'étaient pas encore ressuscités. Mais la discontinuité évidente, malgré une continuité réelle, entre l'état du Jésus pré-pascal et le statut du ressuscité nous annonce que Jésus a franchi les limites de notre histoire, qu'il n'est désormais plus susceptible de mourir (Romains 6, 9), qu'il est parvenu en Dieu à une vie définitive avec son humanité.

Un second point est également essentiel. La résurrection intéresse la totalité de la personne du Jésus d'avant Pâques y compris son corps mortel [2]. Telle est la raison pour laquelle Jésus, au cours de ses apparitions, veut se faire reconnaître par les sens corporels des siens : « il a été vu » (1 Corinthiens 15, 5-8), il a été touché, il a bu et mangé avec eux (cf. Luc 24, 39-43). Il n'est ni un pur esprit, ni un fantôme.

Mais il était important aussi que la résurrection corporelle de Jésus se traduise négativement, du côté de notre monde empirique, par la disparition de son corps. Telle est la signification du tombeau trouvé ouvert et vide. Ce n'est pas à proprement parler une preuve de la résurrection, mais un signe important sur son fait et sur son sens. Car au regard de l'anthropologie juive, le corps est la personne même. On a pu dire que l'annonce de la résurrection « n'aurait pas pu tenir un jour ni une heure à Jérusalem, si le vide du tombeau n'avait

---

2. Sur la nature paradoxale du corps ressuscité, ou corps spirituel, cf. infra l'analyse du texte de 1 Corinthiens 15 dans le chapitre sur la résurrection de la chair, p. 53-59.

pas été un fait bien assuré pour tous les intéressés[3] ». Dans la prédication de la Pentecôte Pierre en appelle au fait que le Christ « n'a pas été abandonné au séjour des morts et (que) sa chair n'a pas connu la décomposition » (Actes 2, 31 citant Psaume 16, 10). Dans sa discrétion le tombeau vide est un signe annonciateur du retournement eschatologique du monde. Il nous dit que la figure actuelle de ce monde n'est pas sa réalité définitive. La loi de la corruption n'est pas le dernier mot de la condition humaine, puisqu'en la personne de Jésus le cosmos a déjà connu une déchirure, dont l'achèvement doit rendre l'univers transparent à la vie de Dieu.

Ces points sont d'une importance décisive *pour nous.* Car la résurrection de Jésus est en quelque sorte la parabole en acte de ce que doit être notre résurrection. Tel il est ressuscité, tels nous ressusciterons. La résurrection de Jésus a valeur eschatologique, parce qu'elle représente déjà du définitif et qu'elle annonce ce que sera notre état définitif.

### *La victoire définitive de la vie sur la mort*

La résurrection de Jésus constitue donc une victoire définitive sur la mort, considérée à la fois comme le destin de l'homme et la conséquence de son péché. La mort est l'ennemie par excellence de l'homme, elle se range du côté des puissances du

3. W. PANNENBERG, citant P. Althaus, *Esquisse d'une christologie*, Paris, Cerf 1971, p. 117.

mal, du péché et de l'enfer. Le règne inexorable de la mort sur l'humanité est atteint au plus profond. Il n'a déjà plus le dernier mot. Dieu est désormais celui qui a ressuscité Jésus d'entre les morts, celui qui est donc capable de ressusciter tous les morts. La résurrection de Jésus nous révèle le dessein de Dieu pour tout homme.

Cette victoire sur la mort nous dit aussi que le salut chrétien consiste dans la vie, car Dieu est le Dieu des vivants et non pas le Dieu des morts, comme Jésus l'affirme avec force face aux Sadducéens (Matthieu 22, 32). Il s'agit de la vie de l'homme, de la condition humaine que nous menons au cours de nos pauvres existences. Mais il s'agit aussi de la vie même de Dieu qui nous est communiquée définitivement, sans rien supprimer de l'humain. Car notre « divinisation » est aussi le sommet de notre « humanisation ». C'est une vie en plénitude faite de connaissance, de liberté, d'amour et donc de bonheur. C'est une vie faite de relations personnelles entre tous les membres de la grande famille de Dieu. C'est une vie éternelle qui ne saurait plus être sujette au vieillissement, à la maladie et à la mort.

On comprend donc l'insistance de l'évangile de Jean à nous dire que dans le Verbe était la vie (Jean 1, 4), à nous répéter que « celui qui croit au Fils a la vie éternelle » (3, 36), que le Père a donné « au Fils de posséder la vie en lui-même » (5, 36), que le Fils de l'homme donne une « nourriture qui demeure en vie éternelle » (6, 27), que sa chair est le pain donné pour que le monde ait la vie (6, 51). Pierre peut donc confesser devant lui : « A qui irions-nous ? Tu as les paroles de la vie éternelle » (6, 68). Jésus enfin s'identifie lui-même avec la vie : « Je suis la résurrection et la vie » (11, 25).

### *Il est ressuscité pour nous*

De même que Jésus est mort « pour nos péchés », il est ressuscité « pour notre justification » (Romains 4, 25). Il n'avait en effet aucune raison de s'incarner, si ce n'était pour nous ; nulle raison de mourir que « pour nous » et de ressusciter que « pour nous ».

Ce « pour nous » a déjà toute son actualité : par le baptême nous sommes déjà entrés dans le mystère de mort et de résurrection du Christ (cf. Romains 6, 1-11). Le langage de Paul est ici changeant, comme s'il n'arrivait pas à synthétiser en une seule formule tous les aspects de cette mystérieuse réalité. Tantôt il parle de notre mort avec le Christ au passé et de notre résurrection au futur : « Car si nous avons été totalement assimilés à sa mort, nous le serons aussi à sa résurrection » (Romains 6, 5). Tantôt il parle de cette résurrection au passé : « Vous êtes ressuscités avec le Christ » (Colossiens 3, 1 ; 2, 12), et même de notre ascension aux cieux au passé : « Il nous a ressuscités et fait asseoir dans les cieux avec le Christ » (Éphésiens 2, 6). Ainsi la résurrection de Jésus a déjà, par grâce, tout son effet en nous, mais « votre vie est cachée avec le Christ en Dieu » (Colossiens 3, 3). Elle doit connaître d'autres étapes jusqu'à sa pleine manifestation.

Car ce « pour nous » a encore un avenir : la

**Assimilés à sa résurrection**

*Ignorez-vous que nous tous, baptisés en Jésus Christ, c'est en sa mort que nous avons été baptisés ? Par le baptême, en sa mort, nous avons donc été ensevelis avec lui, afin que, comme Christ est ressuscité des morts par la gloire du Père, nous menions aussi une vie nouvelle. Car si nous avons été totalement unis, assimilés à sa mort, nous le serons aussi à sa résurrection...*
*Si nous sommes morts avec le Christ, nous croyons que nous vivrons aussi avec lui. Nous le savons en effet : ressuscité des morts, le Christ ne meurt plus ; la mort sur lui n'a plus d'empire. Car en mourant, c'est au péché qu'il est mort une fois pour toutes ; vivant, c'est pour Dieu qu'il vit. De même vous aussi : considérez que vous êtes morts au péché et vivants pour Dieu en Jésus Christ.*

Saint Paul, lettre aux Romains 6, 3-58-11

résurrection de Jésus doit aboutir à notre résurrection définitive. Cette résurrection se réalisera en deux temps : dès le moment de notre mort nous demeurerons auprès du Seigneur (2 Corinthiens 5, 8). C'est pourquoi Paul ose dire : « Pour moi, vivre c'est le Christ et mourir m'est un gain » (Philippiens 1, 21). Toute sa vie est tendue en avant vers l'appropriation du mystère du Christ : « Il s'agit de le connaître, lui, et la puissance de sa résurrection et la communion à ses souffrances, de devenir semblables à lui dans sa mort, afin de parvenir, s'il est possible, à la résurrection d'entre les morts » (Philippiens 3, 10-11). Un second temps de cette résurrection accompagnera la victoire de tous ceux qui sont morts dans le Christ [4].

### *Il est descendu aux enfers*

Le Symbole des apôtres nous fait confesser la descente de Jésus aux enfers. Quel peut être le sens de cette affirmation recouverte par la vieille représentation de nature mythique du « shéol » ? La réponse se trouve dans la première attestation de la descente aux enfers, qui remonte à l'Écriture :

« En effet, le Christ lui-même est mort pour les péchés, une fois pour toutes, lui juste pour les injustes, afin de vous présenter à Dieu, lui mis à mort en sa chair, mais rendu à la vie par l'Esprit. C'est alors qu'il est allé prêcher aux esprits en prison, aux rebelles d'autrefois, quand se prolongeait la patience de Dieu » (1 Pierre 3, 18-20).

Les premiers Pères de l'Église ont repris ce thème, qui leur permettait de répondre à une question angoissante : comment le Christ a-t-il pu sauver la multitude des hommes qui l'ont précédé sur la terre ? (Cette question correspond à celle que nous nous posons spontanément aujourd'hui : comment le Christ peut-il sauver des hommes qui viennent au monde si longtemps après lui ?) En descendant aux enfers, Jésus vient libérer de leur prison tous ceux qui s'y trouvaient ; il leur annonce la

4. Cf. *infra* le chapitre « Entre deux résurrections », p. 103-115.

bonne nouvelle de leur salut ; il vient affirmer sa victoire sur la mort dans le lieu même des morts ; c'est pour ceux-ci le début de leur résurrection. Ignace d'Antioche écrit ainsi : « Les prophètes, étant ses disciples par l'esprit, l'attendaient comme leur maître... Il les a, par sa présence, ressuscité des morts [5]. » Irénée reprendra la même idée : « Et c'est pourquoi le Seigneur est descendu dans les lieux inférieurs de la terre, afin de porter à ceux-là aussi la bonne nouvelle de sa venue, qui est la rémission des péchés pour ceux qui croient en lui [6]. »

Ainsi sous cette image pour nous étrange, mais que l'on comprend mieux à la lumière de la tradition biblique, c'est l'universalité du salut, à travers sa rétro-activité, qui nous est annoncée. Jésus a mis fin à la réalité du shéol. Le salut est apporté à tous ceux qui ont bien voulu l'accueillir. On passe désormais de l'image « des enfers » à celle de « l'enfer », entendu comme le séjour de ceux qui auraient radicalement refusé le Christ et son Esprit.

### *Notre espérance de la résurrection*

L'homme d'aujourd'hui peut-il encore croire à la résurrection ? Nous avons vu que la génération des disciples de Jésus était habitée par la foi en la

---

5. Ignace d'Antioche, *Aux Magnésiens*, IX, 2 ; trad. P. Th. Camelot, « Sources Chrétiennes » 10, p. 105.
6. Irénée de LYON, *Contre les hérésies*, IV, 27, 2 ; trad. A. Rousseau, Paris, Cerf, 1984, p. 498.

résurrection des morts, véhiculée jusqu'à elle par l'apocalyptique juive. Il n'en va plus de même pour nous, semble-t-il. Et l'on peut se demander si toutes ces grandes affirmations ne sont pas finalement devenues l'expression nostalgique d'une belle mythologie. Y a-t-il encore pour nous « un croyable disponible » qui corresponde à l'annonce de la résurrection ? En d'autres termes, il ne s'agit pas seulement de savoir si celle-ci est vraie, mais si elle peut paraître sérieusement « crédible » aux hommes de notre temps.

Une réponse sérieuse à cette sérieuse question ne peut se contenter d'affirmations faciles sur la sécularisation contemporaine, qui serait allergique à tout dépassement de l'horizon terrestre. « On peut sans doute considérer comme une constatation anthropologique de valeur universelle que la destinée naturelle de l'homme ne trouve pas son achèvement définitif dans la finitude de sa vie terrestre », écrit W. Pannenberg [7]. La réflexion philosophique de l'humaniste marxiste Ernst Bloch va dans le même sens : « La reconnaissance dérisoire du néant pourrait difficilement suffire pour garder la tête haute et faire comme s'il n'y avait pas de fin. Des indices bien nets montrent au contraire que les images de souhaits plus anciens et plus réconfortants subsistent dans le subconscient et constituent un soutien [8]. »

L'homme apparaît ainsi habité par une espérance

---

7. W. Pannenberg, *Esquisse d'une christologie*, Paris, Cerf, 1971, p. 95.
8. *Ibid.*, p. 96.

incoercible : il est celui qui a « l'audace d'espérer » (K. Rahner). « Il appartient à la nature de l'être humain conscient d'espérer par-delà la mort [9]. » Dans le langage qui lui est propre, K. Rahner parle d'une espérance « transcendantale » de la résurrection, c'est-à-dire d'une espérance qui habite le mouvement constant de dépassement intérieur à tout homme vers le plus et vers le mieux intérieur à tout homme. Vis-à-vis de cette espérance, qui n'est pas forcément explicitement consciente, chacun d'entre nous réagit par un accueil ou un refus, accueil ou refus d'un sens définitif de la vie qui soit aussi vie. Celui qui est en situation d'accueil sera alors perméable à l'annonce de la résurrection d'un homme dans notre histoire, pourvu que cette annonce vienne d'un contexte de foi qui donne en lui-même les signes de sa véracité.

9. W. PANNENBERG, *Ibid.*, p. 97.

# 4. La résurrection de la chair

Le salut apporté par Jésus-Christ annonce la résurrection de la chair, elle-même préfigurée par la résurrection de Jésus. La « résurrection des morts » ou la « résurrection de la chair » sont formellement exprimées dans le troisième article de notre Credo. C'est sur elle qu'il faut porter maintenant notre attention, à la lumière du grand texte où Paul s'exprime à son sujet (1 Corinthiens 15). Il nous faut également préciser ce que peut être un corps ressuscité et dire si et comment nous pouvons nous le représenter. Nous avons enfin à situer la spécificité de l'annonce chrétienne de la résurrection par rapport à la tentation que représente l'idée de réincarnation pour beaucoup de nos contemporains.

### *Saint Paul et la résurrection des morts (1 Corinthiens 15)*

La résurrection des morts était particulièrement difficile à admettre dans les milieux de culture grecque. Pour cette mentalité la loi de la mort est inexorable et universelle. D'ailleurs le corps appartient aux choses qui passent, soumises à la génération et à la corruption ; il est le lieu de la fragilité et de la misère de l'homme. La grandeur de celui-ci réside dans sa dimension spirituelle : ce qu'il peut espérer de mieux est l'immortalité de l'âme. On sait comment Paul fut accueilli par l'aréopage d'Athènes, lorsqu'au terme d'un discours pourtant bien adapté à leur sens religieux il fait une brève mention de la résurrection de Jésus : « Au mot de ''résurrection des morts'' les uns se moquaient, d'autres déclarèrent : ''Nous t'entendrons là-dessus une autre fois'' » (Actes 17, 32). La même difficulté se retrouve dans la communauté grecque de Corinthe : certains de ses membres disent qu'il n'y a pas de résurrection des morts.

Devant cette situation Paul réagit avec la plus grande énergie. Il rappelle à ses destinataires la confession de foi, reçue de la tradition, qui affirme en son cœur : « Il est ressuscité le troisième jour, selon les Écritures » (1 Corinthiens 15, 4). Il souligne la contradiction totale entre la foi chrétienne en la résurrection du Christ et la thèse selon laquelle il n'y a pas de résurrection des morts. Il envisage même un instant la révision déchirante qui s'ensuivrait, si une telle thèse avait raison : la foi chrétienne serait vidée de son contenu ; le témoignage apostolique deviendrait un mensonge ; le salut apporté par le Christ serait illusoire et les chrétiens des gens toujours perdus dans leurs péchés.

Devant des conséquences aussi inacceptables Paul réaffirme vigoureusement la résurrection de Jésus et la relie directement à la résurrection des morts. « Mais non, Christ est ressuscité des morts, prémices de ceux qui sont morts » (v. 20). De même qu'Adam, le premier homme, a été par son péché cause de mort pour toute l'humanité, de même le Christ, l'Homme nouveau, est par sa résurrection cause de vie pour tous. Et Paul évoque la fin des temps, quand le Fils, entouré de tous les justes ressuscités, remettra la royauté à son Père, une fois que le dernier ennemi, la mort, aura été vaincu.

Pourtant ce rappel de la foi apostolique ne peut suffire. Il faut faire droit à la curiosité des Corinthiens : « Mais, dira-t-on, comment les morts ressuscitent-ils ? Avec quel corps reviennent-ils ? » (v. 35). Question d'autrefois et question d'aujourd'hui, question de toujours qui est aussi la nôtre : comment une telle chose est-elle possible ? comment faut-il la comprendre ?

Paul répond en faisant une comparaison : il y a une disproportion totale entre la semence minuscule et l'opulence de la plante, voire de l'arbre qui en est issu. De l'une à l'autre, il y a le processus étonnant du grain qui meurt, qui se dissout dans le sol et est réduit à rien, avant de donner place à ce corps tout nouveau de la plante. Comme Paul et ses contemporains sont complètement ignorants du processus biologique qui fait passer de l'une à l'autre, le mouvement de la végétation est l'expression immédiate de la toute-puissance de Dieu, qui fait jaillir les corps les plus étonnants de la pourriture de la semence. Il s'agit proprement d'un miracle. Paul admire aussi la différenciation des espèces, rigoureusement respectée à travers le cycle des générations. De la semence végétale il passe à la semence animale qui, par un processus analogue dans le corps féminin comparé aux entrailles de la terre, construit un nouveau corps vivant selon chaque espèce, hommes, bêtes, oiseaux, poissons.

Paul fait alors l'application de sa comparaison à la résurrection des morts :

semé corruptible, on ressuscite incorruptible ;
semé méprisable, on ressuscite dans la gloire ;
semé dans la faiblesse, on ressuscite plein de force ;
semé corps animal, on ressuscite corps spirituel ;
s'il y a un corps animal, il y a aussi un corps spirituel (v. 42-44).

Sous le mot de « semence » Paul vise notre être corporel concret tel qu'il se manifeste dans notre existence empirique et tel qu'une fois mort il est enfoui dans la terre à l'instar d'une autre semence. La résurrection sera un acte de la toute-puissance de Dieu aussi incompréhensible que la croissance des plantes ou des animaux. Mais à travers la comparaison d'un changement intérieur à notre cosmos, tel également celui de la chrysalide qui devient papillon, Paul introduit la césure radicale qui existe entre l'être animal, c'est-à-dire ce que nous sommes aujourd'hui à l'image d'Adam, et l'être spirituel que nous serons à l'image du dernier Adam, le Christ ressuscité. Nous passerons donc du statut de « corps animal », et donc périssable, à celui de « corps spirituel », glorieux et céleste. Cette transformation radicale atteindra tous ceux qui ne seraient pas encore morts au dernier jour. « Il faut en effet que cet être corruptible revête l'incorrup-

**Un corps spirituel**

*Mais dira-t-on, comment les morts ressuscitent-ils ? Avec quel corps reviennent-ils ? Toi, ce que tu sèmes ne prend vie qu'à condition de mourir. Et ce que tu sèmes n'est pas la plante qui doit naître, mais un grain nu, de blé ou d'autre chose. Puis Dieu lui donne corps, comme il le veut et à chaque semence de façon particulière. Aucune chair n'est identique à une autre : il y a une différence entre celle des hommes, des bêtes, des oiseaux, des poissons. Il y a des corps célestes et des corps terrestres et ils n'ont pas le même éclat ; autre est l'éclat du soleil, autre celui de la lune, autre celui des étoiles ; une étoile même diffère en éclat d'une autre étoile.*

*Il en est ainsi pour la résurrection des morts : semé corruptible, on ressuscite incorruptible ; semé méprisable, on ressuscite dans la gloire ; semé dans la faiblesse, on ressuscite plein de force ; semé corps animal, on ressuscite corps spirituel. S'il y a un corps animal, il y a aussi un corps spirituel. C'est ainsi qu'il est écrit : le premier homme Adam fut un être animal doué de vie, le dernier Adam est un être spirituel donnant la vie. Mais ce qui est premier, c'est l'être animal, ce n'est pas l'être spirituel ; il vient ensuite. Le premier homme tiré de la terre est terrestre. Le second homme, lui, vient du ciel. Tel a été l'homme terrestre, tels sont aussi les terrestres, et tel est l'homme céleste, tels seront les célestes.*

*Et de même que nous avons été à l'image de*

*l'homme terrestre, nous serons aussi à l'image de l'homme céleste. Voici ce que j'affirme, frères : la chair et le sang ne peuvent hériter du Royaume de Dieu, ni la corruption hériter de l'incorruptibilité. Je vais vous faire connaître un mystère. Nous ne mourrons pas tous, mais tous, nous serons transformés, en un instant, en un clin d'œil, au son de la trompette finale. Car la trompette sonnera, les morts ressusciteront incorruptibles et nous, nous serons transformés. Il faut en effet que cet être corruptible revête l'incorruptibilité, et que cet être mortel revête l'immortalité.*

Saint Paul, 1re lettre aux Corinthiens 15, 35-53

tibilité, et que cet être mortel revête l'immortalité » (v. 53).

Une telle argumentation est-elle encore valable pour nous aujourd'hui ? Nous connaissons en effet les processus biologiques complexes de la génération des plantes et des animaux. Et nous savons à partir de quoi se constitue le corps végétal et animal. Ces réalités ne sont plus pour nous des miracles. Il y aurait d'ailleurs erreur à imaginer un processus biologique analogue, mais encore inconnu, pour rendre compte de la résurrection des morts.

Cependant, quoi qu'il en soit du déterminisme scientifique propre à chaque processus, notre foi peut reconnaître, dans ce mouvement merveilleux de la vie, l'action créatrice de Dieu qui la suscite. En soi la vie est bien un « miracle », un miracle éminemment improbable à l'aune du calcul des probabilités, de même que toute la création est miracle. D'autre part, nous sommes mieux avertis, par la connaissance scientifique elle-même, de la différence radicale entre les processus intra-cosmiques et le fait de la résurrection, qui par hypothèse transcende notre cosmos. Le connu nous permet de croire à l'inconnu, et dans une certaine mesure de le penser. La disproportion entre le corps actuel et le corps ressuscité est infiniment plus grande que celle qui existe entre le gland et le chêne. Les moyens que Dieu prendra pour la résurrection des corps nous échappent totalement. Mais celui qui a la puissance de la création, a aussi la puissance de la recréation.

### *De quel corps s'agit-il dans la résurrection ?*

Sur la lancée fournie par saint Paul nous pouvons continuer notre réflexion, avec toutes les ressources que nous donnent la philosophie, l'anthropologie et la théologie contemporaines. Comment pouvons-nous comprendre la réalité d'un « corps spirituel » qui semble pour nous une contradiction dans les termes, puisque notre bon sens à la Monsieur Jourdain nous fait considérer que ce qui est corps n'est point esprit et que ce qui est esprit n'est point corps ?

Par corps nous devons entendre le lieu concret et unifié de l'existence temporelle de l'homme. Matériellement situé dans l'espace, le corps est ce en quoi et par quoi l'homme reçoit et vit une existence personnelle, exerce et manifeste sa liberté dans son rapport à lui-même, aux autres, au monde et à Dieu. C'est en effet dans et par son corps que l'homme entre en communication avec les autres et avec lui-même, qu'il aime, souffre physiquement et moralement, travaille, éprouve joie et plaisir. Situé également dans le temps, le corps de l'homme devient une histoire. « En notre corps se récapitule notre histoire individuelle à mesure que nous la vivons et faisons [1]. »

Ainsi entendu, en tant qu'il est humain, notre corps ne saurait être réduit ni à des éléments physico-chimiques, ni à une réalité organique et biologique, ni à un ensemble de réactions animales, bien qu'il assume en lui-même tous ces niveaux de l'existence naturelle et qu'il en demeure étroitement solidaire dans l'univers dont nous faisons l'expérience.

Le corps, c'est donc nous-mêmes : il est vrai de dire que nous n'avons pas un corps, mais que nous sommes corps. Pour les anciens le couple âme-corps ne visait d'ailleurs pas deux composantes hétérogènes de notre être, mais deux points de vue selon lesquels la totalité de notre être était visée. La « chair » dans le langage johannique considère la totalité de l'homme du point de vue de sa condition historique, concrète et limitée, vulnérable et fragile. C'est en ce sens que le « Verbe s'est fait chair » et que le Symbole des apôtres mentionne « la résurrection de la chair ». Il en va de même pour l'âme

1. E. POUSSET, « La Résurrection », *Nouvelle Revue Théologique*, 1969, p. 1032.

qui vise la totalité de l'homme en tant que puissance de vie et transcendance spirituelle par rapport au monde. Même la thèse classique, qui voit dans l'âme la « forme » du corps, peut reconnaître cette visée d'unité. En effet le rapport qui unit ces deux principes en un seul être est constitutif de l'existence de chacun d'eux. De ce point de vue notre corps est déjà un corps spirituel, corps qui pense et qui parle, un corps dont le désir va au-delà de tout le créé et s'adresse à Dieu.

L'annonce de la résurrection de la chair nous dit donc que l'homme sera sauvé dans tout ce qui fait sa condition concrète. Elle affirme à la fois une *continuité* et une *discontinuité* entre notre état présent et notre état futur : continuité respectueuse de notre identité historique ; discontinuité qui, à travers la brisure de la mort, nous fera passer de la condition empirique marquée par le péché à la condition de corps spirituel et glorieux, c'est-à-dire d'un corps entièrement réconcilié avec l'esprit. Du même coup le corps ressuscité sera libéré de toutes les contraintes et nécessités naturelles qui le rendent périssable. Par la puissance de l'Esprit de Dieu le corps se fait alors esprit, tandis que l'esprit se fait corps incorruptible.

Pouvons-nous avoir une représentation du corps ressuscité ? A strictement parler, non, parce qu'un tel corps échappe radicalement au monde de nos représentations terrestres. Nous pouvons cependant nous servir des apparitions de Jésus pour en saisir quelques caractéristiques. Sans doute ces apparitions ne nous présentent-elles pas l'état glorieux du corps du Christ, tel qu'il est dans la gloire du Père, mais seulement la manière dont le ressuscité s'est fait reconnaître à ses disciples non encore ressuscités. Nous retrouvons la continuité et la discontinuité : continuité, puisque les disciples « reconnaissent » Jésus, celui avec lequel ils avaient vécu avant sa passion ; ils le reconnaissent à partir de gestes décisifs, particulièrement caractéristiques de sa personne, comme la fraction du pain. Ils le reconnaissent aussi à sa parole et à ses explications sur l'Écriture. Mais il y a aussi une discontinuité : Jésus est maintenant libre des contraintes de l'espace et du temps. Il se rend présent par une initiative purement gratuite que rien ne saurait produire. Il brise toute résistance et manifeste une puissance seigneuriale.

D'une autre manière nous pouvons penser aux moments priviligiés de notre vie, instants de grâce où notre corps semble déjà presque complètement spiritualisé par la richesse de l'expérience dont il est le sujet. C'est l'expérience mystique de Dieu chez les saints ; c'est l'expérience des moments les plus intenses de l'amour ; celle de l'art et de la beauté provoquant une joie de vivre exceptionnelle ; celle d'une victoire sur la matière, telle que l'agilité aérienne d'une danse, la virtuosité d'un pianiste « faisant corps » avec sa musique, l'exploit d'un sportif au cheval d'arçon ou au trapèze...

## *Résurrection et réincarnation*

*Qu'est-ce que la doctrine de la réincarnation* qui semble aujourd'hui si séduisante à certains de nos contemporains ? Elle est venue de l'Orient, où elle est professée par l'hindouisme et le bouddhisme. C'est une doctrine de salut. Elle entend répondre à la question fondamentale de l'humanité : qu'en est-il du destin de l'homme ? Y a-t-il une justice qui se réalise au-delà de toutes les injustices de ce monde ? Il s'y opère une fusion entre l'idée de rétribution et celle de réincarnation. « La réincarnation — le passage d'un corps à un autre — est commandée, quant à ses modalités, par la vie antérieure ; quant au fait même, il dépend du désir et de la loi du *karma* (forme de prédestination) qui y est liée. Soulignons que les réincarnations sont ici inscrites dans la roue du destin. Elles sont loin d'être bonnes en elles-mêmes. Il apparaît plutôt qu'il faille tendre à en être délivré : le salut ou la liberté véritable consistent à y échapper [2]. » Donc à bonne action, bonne renaissance ; à mauvaise action, réincarnation pénible au bas de l'échelle, pour assumer les conséquences de ses actes, jusqu'au moment où le cercle sera brisé. Le bouddhisme insiste sur la spiritualité du détachement. Ces doctrines de l'Asie connaissent certains parallèles en Occident : tradition orphique, Pythagore, Platon, l'hermétisme.

Depuis le XIXe siècle en Occident se sont développés divers ésotérismes, théosophiques ou anthroposophiques. La réincarnation y est vue à chaque fois comme une épreuve sur le chemin d'un accomplis-

2. P. GISEL, « Discours sur l'au-delà de la mort. La théologie mise au défi », dans *Réincarnation, immortalité, résurrection*, Bruxelles, Éditions Universitaires Saint-Louis, 1988, p. 241.

sement, car elle est un moment indispensable au développement de soi et de la liberté. Ces doctrines modernes s'enveloppent d'un halo pseudo-scientifique, afin de disposer d'un certain prestige [3].

*Pourquoi une telle séduction dans l'Occident post-chrétien ?* La question mérite d'être posée. Il y a en effet un paradoxe à voir dans le même temps une perte assez massive de la foi en toute vie après la mort, accompagnée d'un refus de toute résurrection au nom d'une impossibilité radicale, et un développement de doctrines ambiguës finalement centrées sur les mêmes préoccupations. On peut y voir un signe du « retour du religieux » et un refus du positivisme décevant véhiculé par une certaine conception de la science. Une espérance frustrée sur le destin ultime de l'homme, une angoisse devant la question de nos fins dernières, un désir de sens et de vie qui ne peut être perpétuellement refoulé, se vengent alors et s'investissent dans des doctrines résolument étrangères à la tradition chrétienne dominante. Dans cet état de choses une prédication insuffisante de l'Église a sans doute sa part de responsabilité, en particulier au moment où la société occultait le problème de la mort. De même la réponse au problème du mal dans le christianisme apparaissait décevante. Notre monde se trouvait alors devant un vide, qu'il a essayé de combler. L'engouement actuel pour l'Orient a déterminé sa recherche du côté de la réincarnation. Pour irrecevables que soient ces réponses, on doit être atten-

3. Cf. Daniel FOUCHER, *Réincarnation ou Résurrection ?*, Éditions de Montligeon, 1989.

tif au côté positif des questions qu'elles soulèvent : le problème spirituel, la vie éternelle, l'aspiration au bonheur et à la justice, le sens de l'existence humaine ; l'angoisse de voir sa vie décidée en une fois, alors que l'on sent son immaturité, etc.

*En quoi consiste l'incompatibilité entre les doctrines de la réincarnation et le christianisme ?* La réincarnation met en cause l'unité de la personne humaine, en tant qu'elle est sujet unique et irremplaçable devant Dieu. Elle retombe dans un certain dualisme du corps et de l'âme, le premier étant finalement sans valeur, simple habit périodiquement remplacé, et la seconde se trouvant réduite à un principe qui change de mode d'être à chaque existence et dont le destin final est de se perdre dans le grand tout. L'unité et la valeur irremplaçable de la personne tiennent au fait que celle-ci joue son destin éternel dans une existence terrestre unique et qu'elle est appelée au salut dans sa totalité, corps et âme. C'est ce qu'affirme la doctrine chrétienne de la résurrection. Au contraire l'être prétendument « réincarné » n'aurait plus conscience de ce qu'il a vécu et perdrait donc son unité à travers le temps [4].

On voit aussi ce que devient la figure de Jésus dans un schéma réincarnationniste. Son incarnation n'est plus que la réincarnation d'un être, exceptionnel peut-être par sa sainteté, mais qui demeure

4. Cf. Walter KASPER, « Réincarnation et christianisme », *Documentation Catholique* n° 2005, 1990, p. 453-455, qui expose clairement pourquoi la réincarnation est inconciliable avec le christianisme.

rigoureusement inscrit dans le cycle du destin. Elle apparaît comme un « avatar », ou une manifestation du divin au milieu d'autres. Le caractère unique du médiateur entre Dieu et les hommes n'existe plus.

Enfin la doctrine de la réincarnation traduit un mouvement qui va de l'homme vers Dieu, un mouvement volontariste qui cherche à obtenir le salut par les forces de l'homme, afin de le hisser de seuil en seuil jusqu'au degré du *nirvâna* ou de la sérénité suprême. C'est une œuvre de l'homme qui cherche sa propre impeccabilité plus que sa rencontre avec Dieu. Le christianisme nous annonce au contraire la priorité absolue d'un Dieu qui cherche l'homme, qui va à sa rencontre pour l'attirer à lui ; d'un Dieu qui veut réaliser par sa miséricorde et son amour une communion d'ordre personnel avec l'homme.

# 5. Il reviendra dans la gloire pour juger les vivants et les morts

### *Le retour du Christ*

Le deuxième article du Credo, qui contient les affirmations de la foi au Christ, ne s'arrête pas à la résurrection et à l'ascension de Jésus : il proclame son retour glorieux pour le jugement dernier. Il suit en cela fidèlement le message du Nouveau Testament qui nous annonce clairement un retour du Christ, ou sa « parousie », terme grec qui veut dire « présence » ou « arrivée » : car le « Fils de l'homme » reviendra (Matthieu 10, 23 ; 16, 25 ; 19, 28 etc.). Ce retour du Christ est décrit dans les évangiles sous la forme d'un scénario apocalyptique comprenant de grandes tribulations et un ébranlement cosmique. Ces derniers soubresauts du monde pécheur en seront les signes précurseurs. Mais alors « apparaîtra dans le ciel le signe du Fils de l'homme ; alors toutes les tribus de la terre se frapperont la poitrine ; et elles verront le Fils de l'homme venir sur les nuées du ciel dans la plénitude de la puissance et de la gloire » (Matthieu 24, 30). Pour Paul aussi ce retour du Christ passera par un temps d'épreuves (1 Thessaloniciens 5, 3), mais finalement scellera sa victoire définitive sur ses ennemis (1 Corinthiens 15, 24-28). Ce sera aussi le jour de la résurrection des morts et de la rencontre du Christ : « Car lui-même, le Seigneur, au signal donné, à la voix de la trompette de Dieu, descendra du ciel : alors les morts en Christ ressusciteront d'abord ; ensuite nous, les vivants, qui serons restés, nous serons enlevés avec eux sur les nuées à la rencontre du Seigneur dans les airs, et ainsi nous serons toujours avec le Seigneur » (1 Thessaloniciens 4, 16-17). Dans un climat tout autre les anges viennent ainsi consoler les disciples qui après l'ascension continuent à regarder le ciel : « Ce Jésus qui vous a été enlevé pour le ciel viendra de la même manière que vous l'avez vu s'en aller vers le ciel » (Actes 1, 11). L'Apocalypse qui aime à définir Dieu comme « Celui qui est, qui était et qui vient » (Apocalypse 1, 4 ; 4, 8 ; 11, 17 ; 16, 5), et qui attribue à Jésus d'être l'Alpha et l'Oméga (22, 13), c'est-à-dire le commencement et la fin, ce qui est un attribut proprement divin, s'achève sur ce vœu qui exprime toute la spiritualité des premiers chrétiens : « Amen, viens Seigneur Jésus ! » (22, 20).

Pour les premiers apologistes chrétiens la complémentarité des deux venues du Christ est essentielle, si l'on veut bien comprendre le rôle de Jésus comme sauveur et la manière dont il accomplit les prophéties. De même qu'il est venu une première fois « dans la souffrance, sans gloire et sans aspect », crucifié, dit ainsi le philosophe chrétien Justin au

**Nous serons toujours avec le Seigneur**

*Nous ne voulons pas, frères, vous laisser dans l'ignorance au sujet des morts, afin que vous ne soyez pas dans la tristesse comme les autres, qui n'ont pas d'espérance. Si en effet nous croyons que Jésus est mort et qu'il est ressuscité, de même aussi ceux qui sont morts, Dieu, à cause de ce Jésus, à Jésus les réunira. Voici ce que nous vous disons d'après une parole du Seigneur : nous, les vivants, qui serons restés jusqu'à la venue du Seigneur, nous ne devancerons pas du tout ceux qui sont morts. Car lui-même, le Seigneur, au signal donné, à la voix de l'archange et au son de la trompette de Dieu, descendra du ciel : alors les morts en Christ ressusciteront d'abord ; ensuite nous, les vivants, qui serons restés, nous serons enlevés avec eux sur les nuées, à la rencontre du Seigneur dans les airs, et ainsi nous serons toujours avec le Seigneur. Réconfortez-vous donc les uns les autres par cet enseignement.*

Saint Paul, 1re lettre aux Thessaloniciens, 4, 13-18

IIe siècle, de même il reviendra dans la gloire, avec la royauté éternelle et la pleine manifestation de sa puissance divine pour juger le monde. Cette gloire, c'est celle qu'il a déjà reçue de son Père du fait de sa résurrection et de son ascension. Ainsi ce qui est encore caché dans notre salut, ce qui est inachevé sera totalement accompli. Le « pour nous » de la résurrection de Jésus sera pleinement manifesté.

Car il y a une correspondance entre le mystère du Christ et le sort des chrétiens. Ceux-ci souffrent aujourd'hui comme le Christ a souffert, ils régneront avec lui, de même qu'il règne. Ainsi la confession de foi en Jésus n'est-elle pas rivée sur un événement passé : elle est aussi tendue vers l'avenir par l'espérance de la seconde venue du Seigneur.

### *Nos difficultés devant ce message*

Ce message de foi pose à notre mentalité contemporaine plusieurs difficultés. D'abord le registre des représentations apocalyptiques n'est évidemment plus le nôtre ; la cosmologie ou image du monde qu'elles supposent est complètement dépassée ; nous avons l'impression d'être en pleine mythologie. Nous attendons spontanément au contraire, mais en vain, des passerelles entre le message de foi et ce que la science contemporaine peut nous dire tant sur l'origine que sur la fin du monde. A ce sujet il faut nous rappeler ce qui a été dit au début de ce livre : le message sur la fin des temps dépasse, par hypothèse, tout ce qui est accessible à nos représentations. Il est donc obligé d'emprunter des images pour représenter l'irreprésentable. C'est, en quelque sorte, un langage poétique, mythologique si l'on veut, qui n'est pas à prendre à la lettre comme le rapport d'un journal qui connaîtrait l'avenir. Il a pour but de nous dire un *sens*, le sens religieux de la fin des temps et du monde au regard de Dieu et du Christ. C'est donc ce sens qu'il nous faut chercher. Il a aussi l'avantage de nous mettre en garde contre tout *concordisme* [1] entre science et foi. Le discours scientifique sur l'origine et la fin du monde est d'un autre ordre. Nous n'avons pas à vouloir faire concorder de manière immédiate des représentations religieuses avec ce que la science peut progressivement découvrir.

Mais la difficulté se redouble alors : quel peut être le sens, quelle est l'utilité pour notre foi de ces scénarios dramatiques ? Ils nous disent, sous le voile des images, que le mystère de la passion, de la mort et de la résurrection du Christ se reproduira analogiquement à la dimension de tout son Corps qui est l'Église. Toute sa vie Jésus s'est affronté aux forces du mal qui lui ont donné la contradiction. Toute la vie de l'Église est marquée par le même combat, étant bien entendu que ce combat n'est pas seulement extérieur mais aussi intérieur, car le péché est toujours à l'œuvre à l'intérieur même de l'Église. Car « l'Église pérégrinante... porte la figure de ce siècle qui passe, elle vit parmi les créatures qui gémissent et sont encore maintenant en travail d'enfantement et attendent la révélation des fils de Dieu (Cf. Romains 8, 22 et 19) » (Vatican II, *Lumen Gentium* 48). Jésus a connu le paroxysme de ce combat dans le déchaînement des forces du

1. On appelle *concordisme* les interprétations qui veulent établir une correspondance rigoureuse entre les descriptions imagées de la Bible et les hypothèses scientifiques sur les origines et la fin du monde, afin de mieux défendre la vérité de l'Écriture Sainte. Or le message de la Bible n'est pas un enseignement sur le déroulement des phénomènes, mais un ensemble d'affirmations sur le rapport de Dieu et de l'homme.

mal coalisées pour le faire souffrir et mourir. Tel sera aussi le destin de l'Église, appelée à vivre une mort pour la justice, qui sera, pour elle comme pour Jésus, un passage en Dieu. Tel est d'ailleurs son destin à travers la mort de chacun de ses membres et de tous ceux qui meurent pour et dans la justice. Jésus a enfin connu la résurrection définitive : l'Église la connaîtra également de manière parfaitement achevée, lorsque le Seigneur ressuscité reviendra pour faire communier l'humanité à sa vie. Le Royaume de Dieu, inauguré sur la terre, se dilatera alors pour recevoir de Dieu son achèvement (cf. *Lumen Gentium* 9). Autrement dit, l'événement vécu par Jésus est eschatologique en ce qu'il anticipe la fin des temps et la préfigure en même temps. Si donc nous voulons réfléchir tant à la fin des temps qu'à notre propre fin, c'est au mystère du Christ qu'il faut nous rapporter.

Mais il est encore une autre difficulté, plus historique celle-là : Jésus n'a-t-il pas annoncé la fin des temps comme toute proche, comme devant se produire de son vivant ou peu après ? Le discours apocalyptique cité plus haut ne dit-il pas : « En vérité, je vous le déclare, cette génération ne passera pas que tout cela n'arrive. Le ciel et la terre passeront, mais mes paroles ne passeront pas » (Matthieu 24, 34-35) ? De même Paul évoque, dans son scénario de la fin des temps, le cas de ceux, dans le nombre desquels il se met, qui seront encore vivants lors du retour du Christ. Il semble que la première génération chrétienne ait vécu dans un climat d'attente imminente de la fin des temps.

Cette donnée est incontestable. Il semble d'ailleurs que dans les discours eschatologiques de Jésus il y ait comme une surimpression, dans l'horizon de l'avenir, de la fin des temps et de sa propre fin. Mais aussi il ne faut pas oublier ce verset essentiel où Jésus proclame son ignorance à ce sujet : « Mais ce jour et cette heure, nul ne les connaît, ni les anges des cieux, ni le Fils, personne sinon le Père et lui seul » (Matthieu 24, 36 ; cf. Marc 13, 32). Si donc l'on peut parler d'erreur chronologique à ce sujet de la part de la communauté primitive, l'urgence chronologique était le revêtement spontané de l'urgence même du salut et de la conversion, urgence devenue toute nouvelle du simple fait de la venue de Jésus. De ce point de vue, pour nous comme pour les premiers chrétiens, le temps est bref ; il y a urgence de nous convertir et de croire. Ces discours comportent toujours un appel à la vigilance : « Veillez donc, car vous ne savez pas quel jour votre Seigneur va venir » (Matthieu 24, 42). Ce dernier est même audacieusement comparé à un voleur. Il n'est pas difficile de voir la portée d'un tel appel pour notre propre existence.

### *« Le renouvellement de l'univers » (Matthieu 19, 28)*

L'intérêt de ces représentations imagées est aussi de nous dire que le retour du Christ concernera non seulement le corps de l'humanité, mais aussi le corps même du cosmos. Le tombeau vide était un signe discret, donné dans la foi, de la grande déchirure eschatologique qui doit atteindre la figure de ce monde qui passe (cf. 1 Corinthiens 7, 31). Le monde actuel est appelé à disparaître (Apocalypse 6, 12-17 ; 20, 11), ou plus exactement à se transformer en une création nouvelle, accordée à la « nouvelle création » (Galates 6, 15) qu'est l'homme sauvé. Car « la création attend avec impatience la révélation des fils de Dieu : livrée au pouvoir du néant [...], elle garde l'espérance, car elle aussi sera libérée de l'esclavage de la corruption, pour avoir part à la liberté et à la gloire des enfants de Dieu. Nous le savons en effet : la création tout entière gémit maintenant encore dans les douleurs de l'enfantement » (Romains 8, 19-22). Et le dessein de Dieu est de récapituler toute la création dans le Christ, c'est-à-dire de « réunir l'univers entier sous un seul chef, le Christ, ce qui est dans les cieux et ce qui est sur la terre » (Éphésiens 1, 10 ; cf. Colossiens 1, 20). Le créateur de l'univers sera aussi son « re-créateur » eschatologique. C'est pourquoi le visionnaire de l'Apocalypse peut proclamer : « Alors je vis un ciel nouveau et une terre nouvelle, car le premier ciel et la première terre ont disparu et la mer n'est plus [...] La mort ne sera plus. Il n'y aura plus ni deuil, ni cri, ni souffrance, car le monde ancien a disparu » (Apocalypse 21, 1-4 ; cf. 2 Pierre 3, 13). Ce monde sera le cadre de la Jérusalem céleste, demeure de Dieu avec les hommes.

Il ne peut s'agir pour nous de chercher à nous représenter cette transformation radicale du monde cosmique en un monde de pleine harmonie et de transparence à la présence de Dieu. Le message que nous avons à retenir, c'est que le salut concerne notre corps, à la fois comme corps personnel, comme corps social et comme corps solidaire du cosmos. Aucune dimension de notre être et de notre agir n'y échappe.

### *Le jour du jugement*

Mais le jour du retour du Seigneur sera aussi le jour du jugement. Tout l'Ancien Testament est traversé par l'annonce du Jour du Seigneur : il s'agit d'une intervention terrible de Dieu dans les grands événements de l'histoire d'Israël, le plus souvent décrits avec des images apocalyptiques, car ce qui se produit dans l'histoire oriente vers l'attente du dernier jour, celui du jugement final qui atteindra également Israël et les nations. Avec la venue de Jésus le jour du Seigneur devient le « Jour de notre Seigneur Jésus-Christ » (1 Corinthiens 1, 8). Car Dieu a remis à son Fils « le pouvoir d'exercer le jugement, parce qu'il est le Fils de l'homme » (Jean 5, 27).

Dans une scène célèbre l'évangile de Matthieu décrit ce jugement de manière solennelle : « Quand le Fils de l'homme viendra dans la gloire, accompagné de tous les anges, alors il siégera sur son trône de gloire. Devant lui seront rassemblées toutes les nations, et il séparera les hommes les uns des autres, comme le berger sépare les brebis des chèvres » (Matthieu 25, 31-32). Chacun sera jugé sur sa charité envers les plus petits, affamés, assoiffés, étrangers, nus, malades et en prison, avec lesquels Jésus s'identifie lui-même. Le critère du discernement est donc celui de la reconnaissance aimante de

Jésus, en lui-même et en tous ceux pour lesquels il est mort.

De même, l'annonce du jour du jugement habite toute la prédication apostolique. Dieu a « en effet fixé un jour où il doit juger le monde avec justice par l'homme qu'il a désigné, comme il en a donné la garantie à tous en le ressuscitant d'entre les morts », dit le discours de Paul à l'aréopage d'Athènes (Actes 17, 31 ; cf. 1 Pierre 4, 5 ; Hébreux 6, 2). Car c'est le Christ qui exercera la fonction de juge des vivants et des morts (2 Timothée 4, 1). Ce jugement sera redoutable aux impies, aux rebelles, aux incrédules. Son jour sera donc encore « un jour de la colère où se révélera le juste jugement de Dieu » (Romains 2, 5). Il convient d'ailleurs de noter ici une petite différence de langage entre Jean et Paul : pour le premier tous les morts ressuscitent, ceux qui auront fait le bien pour la résurrection qui mène à la vie ; ceux qui auront fait le mal, pour la résurrection qui mène au jugement (cf. Jean 5, 29) ; Paul, par contre, n'envisage pas la résurrection des méchants : parce que la résurrection est synonyme de vie et de salut, seuls les justes ressusciteront.

Comment devons-nous concilier la perspective du jugement, dont l'imagerie reste menaçante, avec celle du salut ? Car il nous est dit également que « Dieu n'a pas envoyé son fils dans le monde pour juger le monde, mais pour que le monde soit sauvé par lui » (Jean 3, 17). Le jugement dernier ne sera pas la décision d'un juge impitoyable ayant le goût de punir toutes les faiblesses humaines. Ce jugement est fondé sur le jugement de condamnation du péché et de justification du pécheur accompli par

**Quand le Fils de l'homme viendra...**

*Quand le Fils de l'homme viendra dans sa gloire, accompagné de tous les anges, alors il siégera sur son trône de gloire. Devant lui seront rassemblées toutes les nations, et il séparera les hommes les uns des autres, comme le berger sépare les brebis des chèvres. Il placera les brebis à sa droite et les chèvres à sa gauche. Alors le roi dira à ceux qui seront à sa droite :*
*« Venez, les bénis de mon Père, recevez en partage le Royaume qui a été préparé pour vous depuis la fondation du monde. Car j'ai eu faim et vous m'avez donné à manger ; j'ai eu soif et vous m'avez donné à boire ; j'étais un étranger et vous m'avez recueilli ; nu, et vous m'avez vêtu ; malade, et vous m'avez visité ; en prison, et vous êtes venus à moi. »*
*Alors les justes diront :*
*« Seigneur, quand nous est-il arrivé de te voir affamé et de te nourrir, assoiffé et de te donner à boire ?... »*
*Et le roi leur répondra :*
*« En vérité, chaque fois que vous l'avez fait à l'un de ces plus petits, qui sont mes frères, c'est à moi que vous l'avez fait ! »*
*Alors il dira à ceux qui sont à sa gauche :*
*« Allez-vous-en loin de moi, maudits, au feu éternel qui a été préparé pour le diable et pour ses anges. Car j'ai eu faim et vous ne m'avez pas donné à manger ; j'ai eu soif et vous ne m'avez pas donné à boire... »*

*Alors eux aussi répondront :*
*« Seigneur, quand nous est-il arrivé de te voir affamé ou assoiffé, étranger ou nu, malade ou en prison, sans venir t'assister ? »*
*Alors il leur répondra :*
*« En vérité, je vous le déclare, chaque fois que vous ne l'avez pas fait à l'un de ces plus petits, à moi non plus vous ne l'avez pas fait. »*
*Et ils s'en iront, ceux-ci au châtiment éternel, et les justes à la vie éternelle.*

Matthieu 25, 31-46

la croix du Christ. Car la justice de Dieu est d'abord une justice qui sauve, justifie et sanctifie. Il n'y aura donc de jugement de condamnation que pour ceux qui auront formellement refusé le salut offert par Jésus. C'est pourquoi le jugement du monde est en cours à partir du moment où le Père a envoyé son Fils et ce qu'on appelle le jugement dernier ne sera que la pleine manifestation de ce qui s'est joué dans les cœurs. En définitive, c'est l'homme qui se condamne lui-même : « Qui croit en lui n'est pas jugé ; qui ne croit pas est déjà jugé, parce qu'il n'a pas cru au nom du Fils unique de Dieu » (Jean 3, 18) et qu'il a refusé la lumière. La pointe de cet enseignement est de nous rappeler l'enjeu décisif et éternel de l'engagement de notre liberté au regard de Dieu, et non de nous dire qui et combien seront condamnés [2].

2. Cf. Plus loin le chapitre consacré à l'enfer, p. 149-164.

# II
# Le chrétien devant la mort et l'au-delà

# 6. L'homme et la mort

AVANT de dire le sens chrétien de la mort, il importe de s'arrêter sur la place que la mort tient dans notre vie au titre d'une *expérience*, à la fois personnelle et sociale, à laquelle nul ne peut échapper. Dans l'expérience personnelle, il faut d'ailleurs distinguer celle de notre propre mort et celle de la mort des autres. Mais ces deux expériences sont largement conditionnées par les attitudes véhiculées dans notre société à l'égard de la mort.

### *L'expérience de notre propre mort*

La mort peut être d'abord considérée comme un événement biologique universel, qui atteint l'ordre végétal et l'ordre animal. La Bible s'en fait l'écho : « Toute chair est comme l'herbe et toute sa grâce comme la fleur des champs. L'herbe sèche, la fleur se fane » (Isaïe 40, 6-7). Tertullien l'avait également remarqué au IIIe siècle : tout ce qui naît meurt. Toute génération annonce une corruption. Un égal tribut est payé par tout vivant à la naissance et à la mort. Les savants discutent pour savoir si la mort est une nécessité naturelle pour le vivant. Ce que nous pouvons dire en toute sûreté, c'est que le cycle de la vie, tel que nous le connaissons, passe par la succession des générations et qu'au temps de la croissance correspond celui du vieillissement annonciateur de la mort. En ce sens la mort est un événement qui surprend l'homme de l'extérieur, qui s'impose à lui et qu'il doit subir en toute hypothèse.

Mais si, dans la nature, les êtres vivants sont tous soumis à la mort, l'homme est le seul animal qui sait qu'il va mourir. Il est le seul pour lequel la mort marque de son ombre toute son existence. De manière spontanée, il la perçoit affectivement comme la menace par excellence qui pèse sur son être. La mort sera sa fin ; elle accomplira la destruction de son existence terrestre. Elle apparaît comme une absurdité, un échec radical, un non-sens qui rejaillit en non-sens sur sa vie elle-même. La mort est l'interruption d'une œuvre, la destruction de toute une richesse humaine d'intelligence et de cœur. De plus l'homme craint la souffrance à la fois morale et physique dont s'accompagne le plus souvent la mort, qu'elle soit violente, subite ou venant au terme d'une maladie. Bref nous sommes tous habités par l'angoisse de la mort.

Il ne nous est pas possible d'analyser l'expérience de l'acte de mourir, tel qu'il est subjectivement vécu par chacun, parce que nous n'avons sur ce point que l'expérience de la mort des autres. Mais l'on peut légitimement penser que devant l'échéance de la mort imminente tout homme est en situation de se battre avec l'horreur instinctive qu'il éprouve à son égard : n'est-ce pas un aspect de ce que l'on nomme « agonie » ?

Pourtant, l'histoire de l'humanité nous montre que l'homme est aussi habité par une espérance incoercible de vaincre la mort. Cela se manifeste de diverses façons : donner notre vie pour une cause qui nous dépasse est une manière de donner sens à notre mort et par là même à notre vie ; espérer une forme plus ou moins précise d'immortalité en est aussi un signe important ; de même, l'ensevelissement respectueux des morts trahit l'espérance que tout n'est pas fini. La mort de Socrate, injustement condamné à boire la ciguë, est un des plus beaux exemples d'une attitude sereine, paisible et pleine d'espérance en l'immortalité.

### *La mort des autres*

La mort nous atteint également à travers la mort des autres, en particulier de ceux qui nous sont les plus chers, parents, époux, éventuellement enfants, amis, compagnons de travail ou d'épreuve... Les professionnels de la santé, médecins, infirmiers et infirmières, dans les hôpitaux et les hospices, ont aussi à vivre, parfois quotidiennement, l'expérience de la mort des malades qui leur sont confiés. Notre souffrance est alors double : d'abord nous sommes les témoins de leur acte de mourir avec ses épreuves et ses souffrances, ensuite nous vivons l'épreuve de la séparation de l'être cher et de la rupture de nos liens d'affection avec lui.

Être témoin de la mort d'un être cher est une épreuve proportionnelle à la qualité et à l'intensité de la relation affective que nous avons avec lui. En ce sens, c'est quelque chose de nous-mêmes qui va mourir, quelque chose sans lequel la vie peut nous devenir à la limite insupportable. Mais aussi, être témoin, de plus ou moins près, de la mort d'une autre personne humaine, même si celle-ci nous est davantage étrangère, est toujours une épreuve, car cette expérience nous renvoie à notre propre mort et à l'attitude que nous avons à son égard. De nombreuses attitudes de fuite ou d'occultation peuvent alors surgir. On redécouvre aujourd'hui tout ce que réclame d'attention, d'amour et d'oubli de soi, une aide désintéressée faite à ceux qui vont mourir. Notre présence auprès d'eux n'est jamais neutre pour nous.

Une fois la mort survenue, nous faisons en plusieurs étapes l'expérience de la séparation. En un premier temps la communication a disparu : le corps de l'autre est devenu inerte, il n'est plus le lieu d'un échange possible de connaissance et d'amour. Ce n'est plus « lui » ou « elle », ce n'est qu'une enveloppe vide. L'horreur d'un corps sans vie est infiniment plus cruelle s'il s'agit du corps d'un jeune, bébé, petit enfant, adolescent, jeune adulte... En un second temps ce corps même et son image familière disparaissent par l'inhumation, aujourd'hui parfois par l'incinération, pour faire place à l'absence. C'est souvent au retour du cimetière devant la chaise vide à table, la chambre vide à l'étage, que l'on réalise complètement la séparation. La personne de l'autre appartient dès lors au

**Alors que l'homme s'en va**
**vers sa maison d'éternité...**

*Souviens-toi de ton Créateur*
*aux jours de ton adolescence,*

*— avant que ne viennent les mauvais jours*
*et que n'arrivent les années dont tu diras :*
*« Je n'y ai aucun plaisir »,*

*— avant que ne s'assombrissent le soleil et la lumière*
*et la lune et les étoiles,*
*et que les nuages ne reviennent et puis la pluie,*
*au jour où tremblent les gardiens de la maison,*
*où se courbent les hommes vigoureux,*
*où s'arrêtent celles qui meulent, trop peu nombreuses,*
*où perdent leur éclat celles qui regardent par la fenêtre,*
*quand les battants se ferment sur la rue,*
*tandis que tombe la voix de la meule,*
*quand on se lève au chant de l'oiseau*
*et que les vocalises s'éteignent ;*
*alors on a peur de la montée,*
*on a des frayeurs en chemin,*
*tandis que l'amandier est en fleur,*
*que la sauterelle s'alourdit*
*et que le fruit du câprier éclate ;*
*alors que l'homme s'en va vers sa maison d'éternité*
*et déjà les pleureuses rôdent dans la rue ;*

*— avant que ne se détache le fil argenté*

*et que la coupe d'or ne se brise,*
*que la jarre ne se casse à la fontaine*
*et qu'à la citerne la poulie ne se brise,*

*— avant que la poussière ne retourne à la terre,*
*selon ce qu'elle était,*
*et que le souffle ne retourne à Dieu qui l'avait*
*donné.*
*Vanité des vanités, a dit le Qohélet, tout est*
*vanité.*

Qohélet 12, 1-8

souvenir. Le type de relation ancien doit faire place à un nouveau mode de présence qui est toujours à inventer.

## *La perception sociale de la mort*

« L'homme a été, pendant des millénaires, le maître souverain de sa mort et des circonstances de sa mort. Il a aujourd'hui cessé de l'être et voici comment. » Cette réflexion est de Philippe Ariès [1]. La mort était en effet intégrée dans le cycle de l'existence comme une chose normale. Ou bien l'intéressé s'apercevait de son état et prenait les dispositions nécessaires, ou bien son entourage estimait de son devoir de l'avertir. On cherchait à

1. Philippe Ariès, « La mort inversée », *La Maison-Dieu*, n° 101, 1970, p. 59.

éviter à tout prix que l'homme soit « privé de sa mort ». Il était entendu que chacun devait « vivre » sa mort. On mourait même en public. La chambre du mourant se remplissait de monde, parents, enfants, amis, voisins, serviteurs [2]. Le mourant faisait ses adieux à tous les siens et indiquait ses dernières volontés. Il voyait le prêtre pour mettre toutes choses en ordre devant Dieu.

Cette éthique de la mort s'est presque complètement retournée en l'espace de quelques générations. La norme moderne s'oppose presque point pour point à la norme traditionnelle. Le médecin et l'entourage estiment généralement de leur devoir de cacher au malade que sa fin est proche. C'est habitée par cette intention et au nom même de son amour qu'Anne Philipe a retracé dans un livre émouvant, *Le temps d'un soupir* (Julliard 1963), la dernière maladie de l'acteur Gérard Philipe ; c'est dans le même esprit que Simone de Beauvoir, dans *Une mort très douce* (Gallimard 1964), décrit les derniers moments de sa mère. Combien de fois n'entend-on pas dire, comme s'il s'agissait d'une petite consolation : « il ne s'est pas vu partir », expression qui remplace le « sentant sa mort prochaine » du XVII$^{e}$ siècle [3]. Tout est donc organisé pour que l'homme soit privé de sa mort.

C'est pourquoi le spectacle de la mort et de ses approches est généralement fui. L'agonisant ou le mourant est encombrant pour notre société. Il est mis à l'écart dans les hôpitaux ou les hospices. Il

2. *Ibid.*, p. 61.
3. *Ibid.*, p. 63.

est condamné à vivre dans un isolement redoutable la solitude inhérente à la mort.

Cette loi du silence, ou du tabou, sur la mort s'impose au malade lui-même qui a généralement deviné son état, mais se voit interdit d'en parler pour ne pas traumatiser l'entourage. « La mort d'autrefois était une tragédie — souvent comique — où on jouait à celui qui va mourir. La mort d'aujourd'hui est une comédie — toujours dramatique — où on joue à celui qui ne sait pas qu'il va mourir [4]. »

On a pu légitimement parler d'un « déni de la mort » qui se prolonge après le décès lui-même. Traditionnellement, la mort est un événement humain si considérable qu'il a besoin d'une symbolisation sociale et religieuse, à travers un certain nombre de rites qui essaient d'en dire le sens, ou du moins d'exprimer non seulement le respect pour le défunt, mais aussi la confrontation du groupe à une transcendance mystérieuse : funérailles, discours, signes et vêtements de deuil, condoléances, monuments, cimetières... A travers ces rites le « travail du deuil » s'opère, c'est-à-dire que la relation au défunt se transforme : les liens inévitablement dénoués font place à d'autres liens.

Mais, dans les récentes décennies, on a vu se répandre une désaffection massive pour les rites funéraires, parfois même leur refus ou leur interdiction. La dispersion des cendres après certaines incinérations en est un signe. Car elle supprime toute trace du défunt, aucune inscription ne gardera

4. *Ibid.*, p. 64.

plus son nom. Symptôme plus grave encore, la « thanatopraxie », répandue dans les pays anglo-saxons, où des entreprises commerciales traitent et maquillent des dépouilles humaines pour leur donner l'apparence de la vie et les exposent dans un fauteuil une cigarette à la main. L'image même du gisant, symbole de l'homme trépassé, est ainsi refusée. On a pu écrire, peut-être avec quelque exagération, que ce déni est universel (au plan statistique), radical, transmis aux générations nouvelles, et pathogène, c'est-à-dire générateur d'une nouvelle forme d'angoisse [5]. Ainsi la mort se trouve-t-elle inversée : nous faisons comme si elle n'existait pas.

Mais la présence de la mort resurgit de façon nouvelle et tragique dans notre société. Au moment où l'on fait tout pour chasser l'idée même de la mort et où la médecine fait des prouesses, la mort violente, banalisée et déshumanisée, est omniprésente à la télévision, et beaucoup s'y exposent inutilement dans des accidents de la route, le plus souvent conséquences de fautes humaines (vitesse, alcoolisme, imprudence), ou dans la poursuite de prouesses sportives aux risques exagérés. Cette oscillation d'un extrême à l'autre n'est pas fortuite. Elle traduit la contradiction vécue par l'homme quand la mort devient un pur non-sens. La vie elle-même n'a plus de sens et certaines manières de la risquer tiennent du suicide. Une telle interprétation est confirmée par le nombre important des suicides proprement dits, principalement des jeunes, en France.

5. Cf. Ph. DRUET, *Pour vivre sa mort*, Le Sycomore, p. 57-58.

Aujourd'hui cependant, de nombreux signes expriment la prise de conscience que ce déni de la mort est une impasse humaine et sociale et qu'elle se traduit par une souffrance injuste pour les mourants. On voit naître ici et là chez les médecins et dans les hôpitaux une attitude nouvelle vis-à-vis du malade pour lequel aucun traitement n'est plus possible. L'accompagnement des malades et des mourants devient une tâche essentielle. Des services spécialisés de soins palliatifs se développent, où les médecins sont accompagnés de psychologues, de visiteurs bénévoles et acceptent de travailler en lien avec prêtres et pasteurs. La mort redevient l'objet d'une parole échangée. Elle redevient un moment où la question du sens de la vie est posée : qui est l'homme ?

Il en va de même au sujet de l'aide aux personnes en deuil, dont les pouvoirs publics et nombre d'associations privées se préoccupent. Une évolution des mentalités se fait jour et une nouvelle demande s'exprime. On s'aperçoit que les rites funéraires sont nécessaires aux survivants, pour qu'ils puissent accomplir le « travail du deuil ». Les pompes funèbres elles-mêmes essaient de suivre cette évolution des mentalités. Dans les cas les plus dramatiques où le traumatisme de la séparation est particulièrement difficile à surmonter, un soutien et un accompagnement humain et affectueux sont particulièrement désirables. Ceux qui sont passés par une épreuve analogue (perte prématurée d'un époux, perte d'un enfant) sont particulièrement bien placés pour apporter une telle aide. Cette aide doit aussi être spirituelle, dans le respect de l'option religieuse ou éventuellement athée des intéressés, car ce qui concerne la mort engage tout l'homme.

On constate également ces dernières années un intérêt croissant pour les expériences aux frontières de la mort (E.F.M.). Plusieurs livres les ont étudiées avec une visée scientifique. Il est frappant que des récits indépendants reproduisent un schéma relativement constant (sentiment de sérénité et de paix, traversée d'un « tunnel », décorporation ou dédoublement de l'être, perception d'un être de lumière, panorama de la vie, etc.). Ces données rejoignent d'ailleurs certains témoignages psychologiques ou spirituels de la littérature (Bède le Vénérable, *Le songe de Gérontius* de J.H. Newman). Le plus significatif est certainement que les personnes qui se sont ainsi approchées de la frontière de la mort déclarent le plus souvent qu'elles ne peuvent plus vivre désormais comme avant et que leur attitude devant la mort est profondément changée.

De tels témoignages doivent être accueillis avec respect, surtout quand ils prennent la valeur d'une expérience spirituelle. Il n'y a nul lieu de décourager ceux dont ils soutiennent la foi et l'espérance. Mais un vocabulaire ambigu employé à leur sujet donne souvent à penser qu'il s'agit d'expériences qui nous révèlent l'au-delà en tant que tel [6]. Ce

6. Je regrette pour ma part que le titre publicitaire donné aux livres « best-seller » du Dr Raymond MOODY, *La vie après la vie*, Paris, Laffont 1977 et *Lumières nouvelles sur la vie après la vie*, Paris, Laffont 1978, alimente cette confusion. L'auteur lui-même, dont l'honnêteté et la modestie dans la recherche ne sauraient être mises en cause, et qui refuse de voir dans les expériences qu'il

n'est certainement pas le cas : la « mort clinique » qu'ont pu connaître certains de ces témoins (car de telles expériences arrivent aussi à ceux qui n'ont pas atteint ce seuil et comportent des analogies avec certains états psychiques extraordinaires non liés à la mort) est une *mort apparente*, non une mort réelle ou biologique, c'est-à-dire une mort irréversible. Le témoignage concerne donc l'expérience psychique et spirituelle que peut vivre un homme qui est aux portes de la mort, mais non la réalité même de la mort et de l'au-delà. Il convient ici d'éviter tout concordisme entre les expériences, ainsi rapportées, de disposer d'un « corps subtil », distinct du corps devenu inerte, et la nature des corps glorifiés dont nous parle la foi (même si, comme il est normal, il y a des ressemblances entre les deux registres de *représentations*). Ce que visent les paroles de la foi est d'un ordre absolument transcendant aux conditions de notre espace-temps, et à des descriptions qui demeurent dans le registre des expériences sensorielles.

---

rapporte une « preuve » scientifique d'une vie après la mort, a cependant le tort de parler couramment comme si la mort clinique était une mort réelle et donc comme si ces récits rapportaient une première expérience de l'au-delà. On lira à ce sujet avec profit les mises au point, au demeurant très bienveillantes, faites par H. KÜNG dans *Vie éternelle*? Paris, Seuil 1985, p. 20-38.

# 7. Mourir dans le Christ

L'ÉNIGME de la mort pose une grave question à la foi chrétienne. Car la mort est à la fois le lieu d'une horreur, d'un refus et celui d'une espérance. Pourquoi la mort ? Qui a fait la mort ? Sur quoi débouche-t-elle, puisque nous ne la voyons en quelque sorte que de dos à travers celui qui s'en va ? Est-elle une fin absolue, la retombée dans le néant, ou un départ et un passage vers une autre vie ? Quelle relation pouvons-nous garder avec ceux qui sont partis ? Devons-nous parler d'eux comme de « morts », ou au contraire comme de vivants ?

### *Dieu n'a pas fait la mort*

Pourquoi la mort ? D'où vient la mort ? Pourquoi un Dieu que l'on dit bon crée-t-il ainsi des hommes destinés à la mort ? A cette question la réponse de l'Écriture sainte est formelle : « Dieu n'a pas fait la mort, il ne se réjouit pas de la perte des vivants » (Sagesse 1, 13). Le christianisme n'est pas la religion de la mort. Mais alors comment se fait-il que la mort nous apparaisse comme une loi de nature ?

La réponse est aussi claire et elle nous renvoie aux premières pages de la Genèse [1], quand Dieu dit à Adam : « De l'arbre de la science du bien et du mal tu ne mangeras pas : le jour où tu en mangerais, tu mourrais certainement » (Genèse 2, 17). Cet avertissement n'annonce pas à proprement parler une punition, mais la conséquence inévitable d'une décision qui chercherait à prendre par force ce qui ne saurait être qu'un don. La mort dont il est question ici est à la fois la mort spirituelle et la mort physique. Car l'homme séparé de Dieu et qui ne vit plus de son Esprit perd l'équilibre et la solidité de son être et contracte une fragilité qui aboutit à la mort. Cette dégradation se produisit lors de la scène de la tentation au terme de laquelle Dieu dit à l'homme : « Tu es poussière et tu retourneras à la poussière » (Genèse 3, 19). Le livre de la Sagesse commente : « C'est par l'envie du diable que la mort est entrée dans le monde » (Sagesse 2, 24). Jugement prolongé par saint Paul : « Par un seul homme le péché est entré dans le monde et par le

1. Il est acquis par tous aujourd'hui que les récits de la création et de la chute dans le livre de la Genèse ne sont pas des comptes rendus d'événements, qui auraient été écrits sur la base de témoignages, mais des histoires (de nature « mythique », au sens positif de ce terme) qui ont pour but de nous donner un enseignement révélé à portée religieuse et de rendre compte de l'état présent de l'humanité, à partir d'une vision rétrospective de son origine.

péché la mort, et, ainsi la mort a atteint tous les hommes du fait que tous ont péché » (Romains 5, 12).

Derrière le langage figuratif de la Bible, il nous faut donc comprendre que la mort, telle que nous en faisons l'expérience, avec tout son cortège d'angoisses et de souffrances, n'appartient pas à l'intention créatrice de Dieu. La mort est la conséquence de la tentation et du péché de l'homme. Sans le péché, l'homme aurait eu sans aucun doute à sortir de ce monde pour passer dans l'état définitif de bonheur avec Dieu. On peut, si l'on veut, appeler ce passage mort. Mais nous ne pouvons pas nous représenter ce qu'aurait été cette mort. Nous devons simplement dire qu'elle se serait passée sans souffrance et de manière paisible. C'est ainsi que la tradition chrétienne a pensé la mort de la Vierge Marie, en l'appelant « Dormition »: celle qui n'avait pas connu le péché est passée paisiblement en Dieu, afin de connaître la gloire de son assomption corporelle. Au contraire, la mort dont nous faisons l'expérience est le résultat d'un désordre induit dans notre relation au monde et à la nature par le péché de l'homme, c'est-à-dire par le refus initial du don de Dieu.

« Le salaire du péché, c'est la mort », écrit saint Paul (Romains 6, 23). Pour la révélation chrétienne la mort physique est à la fois le signe (ou le symptôme) et la conséquence d'une autre mort, intérieure celle-là, et qui consiste dans la séparation de l'homme avec Dieu. L'équilibre profond de l'homme se trouve en effet dans sa communion avec Dieu, qui comporte la vocation à l'immortalité et à l'incorruptibilité. Quand cette communion cesse, c'est la solidité même de son édifice qui est atteinte et celui-ci est soumis à la mort. Au contraire, « le don gratuit de Dieu, c'est la vie éternelle en Jésus-Christ Notre Seigneur » conclut encore saint Paul *(ibid.)*. C'est pourquoi l'Écriture associe sans cesse ces deux aspects de la mort.

## *Qu'est-ce que la mort ?*

A cette lumière peut-on caractériser de plus près ce qu'est la mort ? Elle demeure un passage vers l'éternité. En aucun cas elle n'est une fin absolue. Le *décès* est toujours un *accès*, ce que signifiait bien les vieux mots de « trépas » et de « trépassés ». Mais ce passage, du fait du péché, s'opère dans la souffrance de la séparation de l'homme avec le monde et d'une séparation intérieure à lui-même. D'autre part, ce passage est ambigu : s'il avait le malheur de se faire sous le signe du péché pleinement ratifié, il ouvrirait sur la mort éternelle ; mais s'il se fait sous le signe de l'acceptation du salut offert par le Christ vainqueur de la mort dans sa résurrection, il débouche sur la plénitude de la vie en Dieu. En ce sens, s'il est juste de parler de l'événement de la mort, l'expression « les morts » est très inadéquate et ne devrait viser que ceux qui auraient eu le malheur de tomber dans la « seconde mort » (Apocalypse, 20, 6), c'est-à-dire la mort définitive. Car les « trépassés » vivent en Dieu.

La tradition de l'Église a couramment défini la mort comme la séparation de l'âme et du corps.

Cette doctrine fait difficulté aujourd'hui où l'on insiste sur l'unité de l'homme comme corps et âme et où l'on comprend mal que l'un des deux éléments puisse vivre sans l'autre. Il importe donc de la bien comprendre. Elle essaie de rendre compte de l'expérience immédiate : si le corps n'est plus animé, s'il va vers sa dégradation, il ne représente plus la personne comme telle. Mais celle-ci n'est pas anéantie, elle demeure vivante. L'âme est entendue ici « au sens biblique du mot, non comme une partie de l'homme à côté du corps, mais comme le principe vital de l'homme considéré dans son unité et sa totalité, autrement dit son "moi", le centre de sa personne [2] ». En définitive la séparation de l'âme et du corps signifie que les défunts demeurent des vivants.

Mais aussi, puisque l'être même de l'âme, centre de la personne humaine, consiste à animer le corps, et que le corps de son côté n'est pas une partie de l'homme, mais cette même personne dans son rapport au monde, une séparation totale de l'âme et du corps est impensable. « Dans la mort, écrit K. Rahner, l'âme ne devient pas acosmique, mais, si l'on peut s'exprimer ainsi, pancosmique [3] », c'est-à-dire que loin d'être privée de tout rapport à notre monde, elle communique avec lui dans une ouverture plus universelle. Cette réalité nous demeure

2. *La foi de l'Église*, catéchisme pour adultes publié par la conférence épiscopale allemande, Brepols, Cerf, Centurion, 1987, p. 395.

3. K. RAHNER, *Le chrétien et la mort*, Foi vivante, 1966, p. 22.

*« Mon Dieu, faites qu'après avoir découvert la joie d'utiliser toute croissance pour vous faire grandir en moi, j'accède à cette dernière phase de la communion au cours de laquelle je vous posséderai en acceptant de diminuer en Vous.*
*Faites que,* mon heure étant venue, *je vous reconnaisse sous les espèces de chaque puissance étrangère ou ennemie qui semblera vouloir me détruire ou me supplanter. Lorsque sur mon corps (et bien plus sur mon esprit) commencera à marquer l'usure de l'âge ; quand fondra sur moi du dedans le mal qui amoindrit ou emporte ; à la minute douloureuse où je prendrai conscience tout à coup que je suis malade ou que je deviens vieux, à ce dernier moment surtout où je sentirai que je m'échappe à moi-même absolument passif, aux mains des grandes forces inconnues qui m'ont formé, à toutes ces heures sombres, donnez-moi, mon Dieu, de comprendre que c'est Vous (pourvu que ma foi soit assez grande) qui écartez douloureusement les fibres de mon être pour pénétrer jusqu'aux moelles de ma substance, et pour m'emporter en Vous.*
*Oui, plus l'avenir s'ouvre devant moi comme une crevasse vertigineuse ou un passage obscur, plus, si je m'y aventure sur votre parole, je puis avoir confiance de me perdre ou de m'abîmer en Vous, d'être assimilé par Votre Corps, Jésus !...*
*Ô Énergie de mon Seigneur, force irrésistible et vivante, parce que, de nous deux, Vous êtes le plus fort, infiniment, c'est à Vous que revient le rôle de*

*me brûler dans l'union qui doit nous fondre ensemble...*
*Ce n'est pas assez que je meure en communiant...*
*Apprenez-moi à communier en mourant.*

Père Pierre Teilhard de Chardin, prière citée par le P. D'Ouince dans son allocution à la chapelle de la rue de Sèvres le 27 avril 1955. — Cf. H. de Lubac, *La pensée religieuse du P. Teilhard de Chardin,* Aubier, 1973 p. 373-374.

irreprésentable, parce que nous ne sommes pas encore ressuscités, mais elle appartient à la genèse de la résurrection.

## *Mourir dans le Christ*

La mort n'est pas seulement pour l'homme une passion à subir. Elle est aussi un acte à accomplir. Si la vocation de l'homme à la liberté consiste pour lui a bâtir de l'éternel par la succession de ses choix, cette option fondamentale de sa vie, toujours en sursis tant qu'il vit son pèlerinage terrestre, va se sceller dans la mort. Le sens que l'homme donne à sa mort fait corps avec le sens qu'il a donné et qu'il veut donner définitivement à sa vie. En ce sens, et quelle que soit la forme extérieure que la mort peut prendre, il est demandé à l'homme de choisir sa mort.

En raison du salut apporté par la mort et la résurrection du Christ, il est proposé à tout homme de mourir dans le Christ, afin de ressusciter avec lui. Le Christ par sa victoire sur la mort a changé le sens de celle-ci. De salaire du péché qu'elle est au regard de notre solidarité en Adam, elle devient un événement de salut en raison de notre solidarité avec le Christ.

De même que le Christ appelait sa propre mort un baptême, de même saint Paul comprend notre baptême comme une entrée et une participation au mystère de mort et de résurrection du Christ (Cf. Romains 6, 2-11). Pendant notre vie terrestre cette mort et cette résurrection sont déjà une réalité, qui progresse tout au long de notre existence : « Nous portons partout et toujours dans notre corps les souffrances de mort de Jésus, afin que la vie de Jésus soit elle aussi manifestée dans notre corps » (2 Corinthiens 4, 10-12). Cependant mort et vie comportent encore un avenir : « Vous êtes morts et votre vie est cachée avec le Christ en Dieu. Quand le Christ sera manifesté, lui qui est votre vie, alors vous aussi vous apparaîtrez avec lui en gloire » (Colossiens 3, 3). La mort est l'accomplissement ultime et la ratification suprême de notre baptême, achèvement de notre mort au péché, et entrée dans la résurrection du Christ. C'est pourquoi Paul est tendu tout entier en avant dans le désir de connaître le Christ, « de devenir semblable à lui dans sa mort, afin de parvenir, s'il est possible, à la résurrection d'entre les morts » (Philippiens 3, 11). Il va jusqu'à dire : « Pour moi, vivre, c'est le Christ et mourir m'est un gain, ... mais demeurer ici-bas est plus nécessaire à cause de vous » (Philippiens 1, 21-24). C'est ainsi qu'Étienne est mort en imitant la mort du Christ (Actes 7, 59-60), ainsi qu'Ignace d'Antioche disait qu'il ne serait vraiment chrétien qu'après avoir été « moulu » comme un froment par les bêtes. Tel est le témoignage des saints, anciens ou modernes.

Le chrétien est donc appelé à faire de sa mort un don de lui-même à Dieu, de « compléter en sa chair ce qui manque aux épreuves du Christ en faveur de son corps qui est l'Église » (cf. Colossiens 1, 24), et de donner la plus grande preuve d'amour en donnant sa vie pour ses amis. Pour l'y aider, l'Église lui propose trois sacrements qui reproduisent en quelque sorte les trois sacrements de l'initiation chrétienne à la foi, sous la forme d'une nouvelle initiation à la vie dans la gloire de Dieu : le sacrement de réconciliation actualise la grâce du baptême ; l'onction des malades est une nouvelle confirmation, don de force du Saint-Esprit dans l'épreuve de la maladie et de la crise de l'existence ; l'eucharistie se fait le viatique qui conduit du Christ au Christ.

*Ce n'est pas assez que je meure en communiant...*
*Apprenez-moi à communier en mourant*[4].

4. Prière de Pierre Teilhard de Chardin in H. de LUBAC, *La pensée religieuse du P. Teilhard de Chardin*, Aubier, 1963, p. 374.

# 8. Entre deux résurrections

### *L'épineuse question de « l'entre-deux » : entre la mort et la résurrection finale*

QU'ARRIVE-T-IL aux êtres chers que nous avons vus mourir ? Quel sera notre propre sort après la mort ? Ces questions lancinantes nous habitent et nous nous sentons souvent frustrés devant les réponses proposées. Mais il y a une bonne et une mauvaise curiosité : la parole de l'Église ne pourra jamais satisfaire la seconde.

Dans la première partie de ce livre, j'ai exposé ce qui concerne la résurrection des morts et le jugement dernier. Mais c'était là une perspective universelle concernant la fin des temps à venir. La question posée maintenant concerne chacun d'entre nous au plan individuel. Elle se pose à nous inévitablement en termes temporels, parce que nous vivons encore dans le temps : quel est le statut de ceux qui nous ont quittés dans l'« entre-deux » qui sépare leur mort corporelle de la résurrection finale ?

Nous connaissons la réponse du catéchisme classique : paraissant devant Dieu, les défunts sont l'objet d'un jugement particulier qui n'est autre que la déclaration définitive de l'orientation de fond qu'ils ont donnée à leur vie. S'ils sont sauvés, leur âme seule est admise, après les purifications nécessaires, à la vision de Dieu, tandis que leur corps, qui se décompose dans la tombe, doit attendre le retour du Christ pour ressusciter.

Mais cette distance fait de plus en plus difficulté à la conscience contemporaine : le statut d'« une âme séparée » de son corps apparaît contradictoire avec notre condition humaine, pour laquelle le fait d'être corps est essentiel. Sans son corps notre être apparaît évanescent et privé de sa personnalité concrète et de son MOI. Nous avons du mal à associer l'annonce d'une vie bienheureuse réelle à l'idée d'une âme sans corps.

Mais, si nous disons que ceux qui nous ont quittés sont déjà ressuscités, ce qui répond au plus profond de notre désir, nous tombons dans d'autres difficultés : nous faisons fi de l'expérience fondamentale de la séparation entre eux et nous, de la désagrégation des corps dans les tombes, et nous risquons de penser une résurrection qui serait en discontinuité totale avec l'expérience de la vie terrestre. La séparation entre notre monde et le monde glorieux serait complète et notre conception de la résurrection ne serait-elle pas finalement trop exclusivement spirituelle ? De même, ne ramènerions-nous pas à l'insignifiance le poids de l'histoire qui continue ?

Ne sommes-nous pas au rouet ? Quand la résurrection se produit-elle ?

La réponse à cette question tient dans un paradoxe : nous devons dire à la fois que les morts sont ressuscités et qu'ils ne sont pas encore ressuscités. En d'autres termes, ils vivent d'une première résurrection qui demeure incomplète, tant que l'humanité entière et le cosmos avec elle ne sont pas parvenus à la résurrection plénière qui aura lieu lors du retour du Christ. La résurrection est ainsi une lente genèse, mais aussi un processus dynamique qui se développe entre la résurrection de Jésus au matin de Pâques et sa seconde venue dans la gloire à la fin des temps. De même que Jean dans l'Apocalypse parle de l'engrenage qui mène de la première à la seconde mort, ainsi pouvons-nous, en un sens bien différent, parler de la dynamique qui mène de la première à la seconde résurrection.

De ce paradoxe le mystère de Jésus lui-même peut nous donner une idée. Lui aussi a connu le temps intermédiaire du séjour de son corps au tombeau, même si ce corps n'a pas connu la décomposition. Dès l'instant de sa mort en croix, Jésus, parfaitement saint et sans aucun péché, était admis dans son humanité à la vision bienheureuse du Père. Il s'agissait de sa personne concrète, celle du Fils devenu homme, et non simplement de son âme humaine « séparée ». Pour son Père et pour lui l'instant de sa mort coïncide déjà avec celui de sa résurrection. La tradition ancienne de l'Église a interprété ainsi, nous l'avons vu [1], la descente du Christ aux enfers : c'était une inauguration de sa résurrection.

1. Cf. ch. 3, p. 49-50 : « Il est descendu aux enfers. »

Pourtant la résurrection de Jésus n'était pas complète tant que le signe concret de sa résurrection corporelle ne nous était pas donné. L'événement de Pâques est l'achèvement glorieux et pleinement manifesté en sa personne de cette première résurrection. Grâce à cet événement, Jésus reprend contact et retrouve la communication avec les siens (apparitions) ; il achève de fonder son Église et rend possible l'économie des sacrements qui suppose un contact entre son corps glorifié et nos corps encore mortels.

Du point de vue de l'éternité divine, on peut bien dire que les deux instants ne font qu'un. Mais du fait de l'incarnation, Dieu entre dans un rapport concret avec la durée temporelle. Aussi l'écart entre la mort de Jésus et sa résurrection a-t-il une valeur réelle, d'autant plus grande qu'il constitue une parabole en acte de ce qu'il nous est donné de vivre.

La même affirmation peut être reprise à partir de la considération du « Christ total », c'est-à-dire du Christ qui s'unit progressivement l'humanité pour en faire dans l'Église son propre Corps. A titre personnel le Christ est complètement ressuscité à Pâques, inaugurant dans sa personne de Sauveur la fin des temps. Mais le processus de résurrection qu'il a inscrit dans l'humanité dure encore. Jusqu'à son retour, sa parousie, le Christ total n'est pas complètement ressuscité, parce que sa résurrection n'a pas encore transformé le cosmos, parce que les hommes appelés à devenir son Corps ne sont pas encore tous devenus un corps de ressuscités. Sa manifestation dans la gloire est encore différée. Le retour du Christ sera l'accomplissement définitif de sa Pâque. D'ici là, le Christ total est déjà et n'est pas encore ressuscité.

### *Qu'en est-il du jugement particulier ?*

La fin des temps s'anticipe lors de la fin temporelle de chaque être humain. L'Écriture associe la rétribution au jugement. Si la vision de Dieu est donnée dès la « première » résurrection, le jugement lui aussi est anticipé. Nous avons déjà vu que le grand jugement du monde est en cours depuis la venue du Christ et qu'il appartient à la trame de chacune de nos existences, en raison de notre foi ou de notre refus de la foi. Le moment de la mort est celui où l'orientation de fond que nous avons voulu donner à notre vie se scelle définitivement : il est donc aussi celui où le jugement de Dieu nous atteint définitivement. Selon que nous aurons accueilli la lumière ou préféré les ténèbres nous nous retrouverons lumière ou ténèbres.

L'Écriture préfère sans doute parler du jugement général. Il y a d'ailleurs une unité foncière entre jugement général et jugement particulier, à travers la tension du déjà-là et du pas-encore. Mais la parabole de Lazare et du mauvais riche nous donne une indication sur la réalité d'un jugement qui a lieu dès après la mort : « Or le pauvre mourut et fut emporté par les anges au côté d'Abraham ; le riche mourut aussi et fut enterré. Au séjour des morts, comme il était à la torture, il leva les yeux et vit de loin Abraham avec Lazare à ses côtés » (Luc 16, 22-23).

### *La première résurrection*

Le langage du Nouveau Testament parle de vie et même de résurrection, sans considérer forcément la résurrection générale. Car la promesse de la vie éternelle, liée à la résurrection du Christ, s'adresse concrètement à toute la personne humaine. Jésus parle ainsi au bon larron : « Vraiment, je te le dis, aujourd'hui tu seras avec moi dans le paradis » (Luc 23, 43). Le TU du bon larron sera avec le MOI de Jésus. Dans un cas comme dans l'autre, il s'agit de la personne concrète, sujet vivant de son propre JE. L'*aujourd'hui* est à prendre au sérieux : il dit l'immédiateté du salut. Il n'est pas question ici d'une « âme séparée ».

On peut invoquer dans le même sens le dialogue de Jésus avec Marthe, la sœur de Lazare. A la parole de Jésus : « Ton frère ressuscitera », Marthe répond de toute sa foi juive : « Je sais qu'il ressuscitera à la résurrection du dernier jour. » Mais Jésus l'invite à un nouvel acte de foi en lui, source d'une vie déjà présente : « Je suis la résurrection et la vie. Celui qui croit en moi, quand bien même il serait mort, vivra ; et quiconque vit et croit en moi ne mourra jamais » (Jean 11, 23-26). La foi en Jésus est donc une force de vie capable de vaincre la mort. Même celui qui est atteint par la mort physique demeure vivant.

Saint Paul n'hésite pas à parler, nous l'avons vu, d'une résurrection déjà accomplie avec la grâce du baptême [2]. Si l'économie de la grâce comporte déjà

---

2. Cf. ch. 3, p. 47-49 : « Il est ressuscité pour nous. »

une participation à la résurrection du Christ, combien plus l'économie de la gloire donnée aux élus, même avant son achèvement ultime. De même qu'actuellement notre vie est cachée avec le Christ en Dieu (cf. Colossiens 3, 3), de même la vie des élus demeure-t-elle encore cachée en Dieu.

Quand l'Église, dans sa réflexion sur le mystère de notre résurrection, est passée d'une préoccupation *communautaire* à une interrogation sur la situation *individuelle* de ceux qui sont passés en Dieu avant la fin des temps, une certaine hésitation s'est fait jour. Comme les affirmations bibliques concernaient généralement la résurrection finale et qu'il apparaissait impensable de parler de vie en Dieu alors que le corps continuait à se dégrader dans la tombe, certains se laissèrent tenter par la thèse du « report ». L'« entre-deux » serait la durée d'une certaine « hibernation » du défunt, ou d'une « mise en réserve » avant sa participation à la résurrection générale. Cette solution est une erreur que le magistère de l'Église n'a jamais enseignée (même si, au début du XIVe siècle, le pape Jean XXII l'a prêchée dans des homélies). Mais comme toute erreur, elle comporte une part de vérité : il ne peut y avoir de béatitude réelle d'un sujet privé de tout rapport à son corps.

Réagissant à bon droit contre cette théorie du « report », le pape Benoît XII enseigna en 1336 que la vision béatifique, « face à face », de Dieu par les saints est immédiate, même « avant la résurrection de leurs corps et le jugement général ». De même, « par cette vision et cette jouissance, les âmes de ceux qui sont déjà morts sont vraiment bienheureuses et possèdent la vie et le repos éternel [...]. Une telle vision et une telle jouissance de l'essence divine font disparaître dans ces âmes les actes de foi et d'espérance [3] ». Sans doute ce texte de Benoît XII s'inscrit-il dans la distinction classique entre l'âme et le corps et réserve-t-il le terme de résurrection pour la fin des temps. Cependant, la pointe de l'affirmation porte sur le fait qu'une vie béatifiante, immédiate, est donnée au *sujet croyant* et que cette béatitude est si grande qu'elle ne laisse plus d'objet à la foi et à l'espérance, car celles-ci ont désormais trouvé leur accomplissement. Un tel bonheur est-il pensable pour une âme complètement séparée, alors que saint Thomas estime que la béatitude parfaite de l'homme dépend à la fois de l'âme et du corps [4] ?

Mais, comme nous l'avons vu plus haut [5], il faut, dans cette décision de Benoît XII, entendre l'âme au sens biblique du mot. « Au regard de la foi le corps et l'âme ne peuvent être totalement séparés l'un de l'autre, au point qu'il n'y aurait absolument plus aucun rapport entre eux. Il faut admettre que subsiste au-delà de la mort un certain rapport au corps et au monde, un rapport incomplet qui échappe à notre expérience [6].

Selon les affirmations de l'Église considérées dans leur intention profonde, la vie des justes en

3. G. DUMEIGE, *La foi catholique*, Orante, n° 962-964.

4. Saint THOMAS, *Somme théologique*, IIIa Q. 15, a. 10, c. ; cf. Ia IIae Q. 4, a. 5 et 6.

5. Cf. ch. 7, p. 96-99, « Qu'est-ce que la mort ? »

6. *La foi de l'Église, op. cit.*, p. 396.

**Le bonheur des « âmes » au ciel**

*Depuis la Passion et la mort de notre Seigneur Jésus Christ, elles ont vu et voient l'essence divine d'une vision intuitive et même face à face, sans la médiation d'aucune créature qui serait objet de vision. La divine essence se manifeste plutôt à eux immédiatement à nu, clairement et à découvert (*nude, clare ac aperte*) et par cette vision, elles jouissent de cette même essence.*
*En outre, par cette vision et cette jouissance, les âmes de ceux qui sont déjà morts sont vraiment bienheureuses et possèdent la vie et le repos éternel. Les âmes de ceux qui mourront dans la suite verront cette divine essence et en jouiront avant le Jugement général.*
*Une telle vision et une telle jouissance de l'essence divine font disparaître dans ces âmes les actes de foi et d'espérance, la foi et l'espérance étant des vertus proprement théologales. De plus, après qu'une telle vision intuitive face à face et une telle jouissance ont ou auront commencé, cette même vision intuitive face à face et cette même jouissance ont duré et dureront sans interruption et sans fin jusqu'au Jugement dernier et, dès lors, à jamais.*

Benoît XII, constitution
*Benedictus Deus*, 29 janvier 1336,
traduction G. Dumeige, *la Foi catholique*,
Orante, n° 962-964.

Dieu avant la fin des temps ne se réduit pas à l'idée grecque de l'immortalité de l'âme, telle qu'elle a pu être par exemple élaborée par Platon. Elle est bien déjà une résurrection de la personne concrète en Dieu. Irénée de Lyon ne disait-il pas :

> L'âme et l'esprit peuvent bien être une partie de l'homme, mais nullement l'homme : l'homme parfait, c'est le mélange et l'union de l'âme qui a reçu l'Esprit du Père et qui a été mélangée à la chair modelée selon l'image de Dieu. [...] En effet, si l'on écarte la substance de la chair, c'est-à-dire l'ouvrage modelé, pour ne considérer que ce qui est proprement esprit, une telle chose n'est plus l'homme spirituel. [...] L'âme, à elle seule, n'est pas davantage l'homme : elle n'est que l'âme de l'homme, donc une partie de l'homme. L'Esprit non plus n'est pas l'homme : on lui donne le nom d'Esprit, non celui d'homme. C'est le mélange et l'union de toutes ces choses qui constitue l'homme parfait [7].

Selon la logique de ce texte, on ne peut donc pas parler de vie de l'homme en Dieu sans que son corps y soit intéressé d'une manière ou d'une autre.

La vie des justes en Dieu est donc déjà, d'une manière encore incomplète et non manifestée, une résurrection du corps. D'ailleurs, l'humanité corporelle et pleinement ressuscitée du Christ exerce une médiation éternelle pour notre accès à la vision bienheureuse du Père. Comment pourrait-elle assumer une telle médiation vis-à-vis d'âmes séparées [8] ?

---

7. Irénée de LYON, *Contre les hérésies*, V, 6,1 ; trad, A. Rousseau, Cerf, 1984, p. 582-583.

8. Cf. la même position prise par Gisbert GRESHAKE,

## *La seconde résurrection*

Cependant, cette résurrection n'est pas encore complète, en raison de la solidarité qui unit tous les membres de l'humanité à travers le temps et l'espace, et de notre solidarité avec le cosmos. Un signe incontournable nous en est donné : nous faisons toujours l'expérience de la dégradation des corps aux tombeaux et les élus de Dieu ne peuvent plus communiquer normalement avec nous. C'est pourquoi l'Écriture sainte nous annonce la résurrection générale à la fin des temps, dont il a été question plus haut [9]. Tant que des hommes continuent leur difficile et douloureux pèlerinage terrestre et ne sont pas encore passés sur le versant de la résurrection, tant que les cieux nouveaux et la terre nouvelle n'auront pas encore transformé la création, tant que le Christ ressuscité n'est pas encore venu manifester sa gloire auprès de tous les hommes, la résurrection demeure en genèse. La différence entre la première et la seconde résurrection est celle qui va de l'inachevé au pleinement accompli et du caché au manifesté.

Mais, dira-t-on peut-être, cette distinction entre première et seconde résurrection n'est-elle pas trop solidaire de nos représentations temporelles ? Car en Dieu tout est éternité. Ne pourrait-on pas dire

---

*Plus fort que la mort,* Mame, 1978 ; et plus récemment Gisbert GRESHAKE et Jacob KREMER, *Resurrectio mortuorum. Zum theologischen Verständnis der leiblichen Auferstehung*, Wissenschaftliche Buchgesellschaft, Darmstadt, 1986.

9. Cf. ch. 3 sur la résurrection du Christ, p. 39-52.

que la mort corporelle de chacun nous projette du même coup à l'horizon divin de la fin des temps et qu'il n'y a plus dès lors aucune distinction entre résurrection immédiate et résurrection générale ? Chacun deviendrait alors par sa mort le contemporain du retour du Christ, du jugement dernier et de la résurrection générale. La fin générale des temps ne s'accomplit-elle pas avec la fin du temps de chacun ? Pour nous l'avènement définitif du Christ demeure de l'ordre de l'avenir, mais du point de vue de Dieu n'est-elle pas un éternel présent divin ? Autrement dit, la notion d'un « entre-deux » n'a plus de sens du côté de l'éternité divine. Elle est le fruit de notre incapacité à penser le rapport du temps à l'éternité.

Cette vue comporte bien des éléments de vérité. Nous devons éviter tout « chosisme » temporel et ne pas oublier que la fin des temps n'est pas seulement un événement chronologique, mais un événement divin transcendant, déjà actuel, qui nous fait vivre sous son régime. Tout le Nouveau Testament ne nous dit-il pas qu'avec la résurrection du Christ la fin des temps est déjà arrivée ? Cette perspective nous aide à donner un contenu à ce qui vient d'être dit sur la première résurrection.

Cependant, cette vue ne peut pas être retenue de manière exclusive. Car alors on négligerait deux choses essentielles, l'une de notre côté et l'autre du côté de Dieu. De notre côté, on ramènerait à l'insignifiance le poids de l'histoire humaine qui continue dans l'espérance de la résurrection et on accréditerait l'idée d'une discontinuité totale entre les corps ressuscités et les pauvres corps de notre histoire d'hommes. Or la résurrection de Jésus nous a donné le signe capital que la résurrection promise concerne bien la fragilité de nos corps.

Du côté de Dieu, cette visée oublie que l'éternité divine est tellement éternité qu'elle est capable d'assumer en elle la réalité du temps, à la fois en le transcendant et en le respectant. En créant librement le monde, et avec lui le temps, Dieu s'est déjà mis dans une relation avec le temps qu'il embrasse comme une unité. Plus encore, avec l'incarnation du Fils, Dieu s'est soumis à la loi du temps et demeure, même dans la résurrection de Jésus, celui qui s'y est soumis. L'événement du Christ est ainsi distribué en un passé, un présent et un avenir. Sans doute ces trois instances du temps sont-elles perpétuellement présentes à l'éternité de Dieu. Elles gardent cependant valeur à ses yeux. Il en va de même pour le salut de l'humanité accompli par l'événement historique du Christ. En vertu d'un libre engagement de sa part, et par pur amour, Dieu assume mystérieusement en lui-même cette tension entre le « déjà-là » et le « pas-encore ». Au nom de cette assomption de la durée en Dieu, il est donc juste de dire que le Christ total n'est pas encore ressuscité, tant que la figure de ce monde dure. La résurrection de chacun ne peut être totale, tant que la résurrection de tous n'est pas accomplie.

Cette distinction nous permet également de rendre compte de la différence qui existe entre la résurrection de Jésus, pour laquelle le signe d'une continuité entre le corps historique et le corps ressuscité est donné à travers le témoignage du tombeau vide, et la situation des autres hommes pour lesquels ce signe n'est pas encore donné. Pour Jésus, et dans son sillage pour Marie, montée aux cieux avec son corps, c'est bien la résurrection finale qui est anticipée et manifestée. Cette manifestation est donnée à notre foi et à notre espérance et nous dit ce que sera notre résurrection définitive. C'est à sa lumière que nous pouvons comprendre « l'entre deux résurrections » comme une genèse dynamique qui anime les amis de Dieu.

# 9. Le ciel : le Royaume de Dieu accompli

## *Le ciel, demeure de Dieu*

LE terme de ciel dont il est ici question ne désigne évidemment pas l'espace cosmique où évoluent les différents astres. Du point de vue de la foi, ce « ciel » est une réalité physique et matérielle. Il n'y a donc pas à s'étonner que Gagarine n'ait pas rencontré Dieu dans ce ciel-là. Notre terre elle-même en est un élément.

Mais l'immensité insondable du ciel et son élévation au-dessus de nous lui confèrent une valeur symbolique. Le ciel exprime ce qui dépasse toute limite, et l'« en-haut » veut dire non seulement ce qui nous domine, mais aussi ce qui est bon et bien. Au contraire ce qui est « en bas » désigne volontiers ce qui est mauvais, les enfers ou l'enfer, par exemple. Ces valeurs positive et négative sont conditionnées par la station debout du corps humain et par le désir immanent au cœur de l'homme de « grandir » et de « monter », attesté dans la Bible par l'orgueil mythique de la tour de Babel, et aujourd'hui, par exemple, par le désir de conquérir non seulement le ciel de l'atmosphère terrestre (aviation), mais encore l'espace interstellaire (stations orbitales, voyages dans la lune).

Spontanément le langage des religions a placé Dieu en haut, selon la représentation symbolique d'un « lieu » absolument original et différent de tous les lieux du monde. Cette représentation est aussi celle de l'Ancien Testament et du Nouveau Testament : elle vise un monde situé « au-dessus de la terre », une zone supérieure comportant plusieurs niveaux (cf. le « troisième ciel » de saint Paul, 2 Corinthiens 12,2) et conduisant au degré le plus élevé, celui qui est proprement la demeure de Dieu. « Ciel » sert même de métaphore pour désigner Dieu lui-même. Matthieu parle ainsi du « Royaume des cieux » pour dire le « Royaume de Dieu ». Jésus nous apprend à prier en disant : « Notre Père qui es aux cieux. » Le jour de son ascension Jésus « monte au ciel » (Actes 1, 10), c'est-à-dire qu'il rejoint dans la gloire son Père pour siéger à sa droite « dans les cieux ».

Le ciel est aussi le « lieu » où demeurent ceux qui sont sauvés : le « paradis » des hommes avec Dieu, se situe au ciel, dans la demeure de Dieu. Dans cette perspective le ciel n'est pas seulement un « en-haut », mais aussi un « en-avant », c'est ce vers quoi nous marchons, ce qui sera la pleine réalisation de Dieu tout en tous. C'est pourquoi saint Paul nous invite à rechercher ce qui est « en haut » (Colossiens 3, 1), là où se trouve notre vraie patrie (Philippiens 3, 20).

Dans le domaine de la foi, le « ciel » est donc une métaphore qui désigne la plénitude du salut de l'homme, définitivement ressuscité et passé en Dieu. Faut-il continuer à l'appeler un « lieu » ? N'est-il pas plus profondément un « état » de l'homme avec Dieu, qui ne peut être localisé nulle part ? Fondamentalement oui. En ce sens, le ciel est un « non-lieu ». Car il est sans commune mesure avec notre espace comme avec notre temps. Cependant cette perspective ne doit pas faire oublier que le salut concerne la totalité du cosmos, donc de la « matière » elle-même, même si nous ne pouvons absolument pas nous représenter le statut du monde ressuscité.

### *Le Royaume de Dieu inauguré par la résurrection du Christ*

Du point de vue de notre salut, le ciel a pour fondement la victoire du Christ sur la mort et la glorification auprès du Père dans son corps de ressuscité. Dans et par le Christ l'humanité inaugure son salut définitif. Celui-ci est la tête du corps qui doit le rejoindre pour vivre pleinement de sa relation filiale au Père.

A ceux qui seraient tentés de considérer les représentations du ciel chrétien comme une dangereuse projection de désirs illusoires de l'homme, il faut redire que le ressuscité glorieux demeure au ciel le crucifié. Il est « l'Agneau immolé » (Apocalypse 5, 12), « l'agneau sans défaut et sans tache [...] prédestiné dès avant la fondation du monde et manifesté à la fin des temps (1 Pierre 1, 19-20). Le ciel garde les cicatrices glorieuses des souffrances du Christ, et avec les siennes celles de toute l'humanité, converties en autant d'actes d'amour.

Si l'homme a été créé à l'image et à la ressemblance de Dieu, c'est-à-dire à l'image du Christ qui est lui-même « l'image du Dieu invisible » (Colossiens 1, 15), c'est parce qu'il est habité par la vocation à communier avec Dieu, comme un fils avec son Père. Cette vocation, il ne peut la réaliser que dans et par le Christ, le Fils par origine qui s'est fait homme pour communiquer à l'homme l'adoption filiale. Le Christ a été par son mystère pascal l'unique médiateur entre Dieu et les hommes pour réaliser notre salut ; de même il demeure pour toujours, parce que son incarnation fait de lui un vrai homme pour l'éternité, le médiateur de notre communion filiale avec Dieu. « Aîné d'une multitude de frères » (Romains 8, 29), il nous fait participer à sa relation filiale, en nous communiquant son Esprit d'adoption qui nous fait dire « Abba, Père » (Romains 8, 15). Temples de l'Esprit, frères du Fils et fils du Père, ceux qui ont déjà eu part à la vie de la Trinité ici-bas la découvrent pleinement manifestée dans la gloire.

Le ciel est « une grandeur en croissance » (K. Rahner), tant que le salut n'est pas totalement achevé, c'est-à-dire tant que le monde, l'histoire et les hommes continuent à vivre selon la figure que nous connaissons. Il sera parfaitement réalisé avec l'accomplissement de toutes choses, lors du retour du Christ, de son jugement et de la résurrection générale et totale de la chair.

### *Le vrai bonheur : la vie de l'homme, c'est de voir Dieu*

La plénitude de vie à laquelle nous aspirons ne peut se réaliser que dans la vision de Dieu, c'est-à-dire dans une connaissance aimante et source d'un bonheur total. Les cœurs purs verront Dieu (cf. Matthieu 5, 8). « La vie éternelle, c'est qu'ils te connaissent, toi le seul vrai Dieu, et celui que tu as envoyé, Jésus-Christ » (Jean 17, 3). Ou encore : « Nous savons que, lorsqu'il paraîtra, nous lui serons semblables, puisque nous le verrons tel qu'il est » (1 Jean 3, 2). La tradition de l'Église a compris ce verset johannique comme le correspondant eschatologique de la création de l'homme à l'image et à la ressemblance de Dieu ; l'homme atteint sa destinée véritable.

Nul mieux que saint Irénée n'a dit que, pour l'homme, vivre, c'est voir Dieu. Il faut donc lui laisser la parole :

> De même que ceux qui voient la lumière sont dans la lumière et participent à sa splendeur, de même ceux qui voient Dieu sont en Dieu et participent à sa splendeur. Or vivifiante est la splendeur de Dieu. Ils auront donc part à la vie ceux qui voient Dieu. Tel est le motif pour lequel celui qui est insaisissable, incompréhensible et invisible s'offre à être vu, compris et saisi par les hommes : c'est afin de vivifier ceux qui le saisissent et qui le voient. Car si sa grandeur est inscrutable, sa bonté aussi est inexprimable, et c'est grâce à elle qu'il se fait voir et qu'il donne la vie à ceux qui le voient. Car il est impossible de vivre sans la vie, et il n'y a de vie que par la participation à Dieu, et cette participation à Dieu consiste à voir Dieu et à jouir de sa bonté.

Les hommes verront donc Dieu afin de vivre, devenant immortels par cette vue et atteignant jusqu'à Dieu... La gloire de Dieu, c'est l'homme vivant, et la vie de l'homme c'est la vision de Dieu : si déjà la révélation de Dieu par la créature procure la vie à tous les êtres qui vivent sur la terre, combien plus la manifestation du Père par le Verbe procure-t-elle la vie à ceux qui voient Dieu [1].

La tradition de l'Église a appelé cette vision « béatifique », parce qu'elle est la vision de la gloire même de Dieu et qu'elle apporte avec elle la plénitude du bonheur. Ce bonheur ne consiste pas seulement en la réalisation de toutes les aspirations de l'homme, mais en leur dépassement. « Ce que l'œil n'a pas vu, ce que l'oreille n'a pas entendu, et ce qui n'est pas monté au cœur de l'homme, tout ce que Dieu a préparé pour ceux qui l'aiment » (1 Corinthiens 2, 9), voilà ce que la sagesse de Dieu nous a révélé et donné, voilà ce qui nous est promis dans la gloire. Car Dieu est celui qui « peut, par sa puissance qui agit en nous, faire au-delà, infiniment au-delà de ce que nous demandons et concevons » (Éphésiens 3, 20).

### *D'inévitables images*

Nous ne pouvons parler de cet au-delà de toute expérience possible pour nous qu'à travers un réseau d'images qui se complètent les unes les autres. Cet appel aux représentations est inévitable ; mais celles-ci doivent être comprises selon ce

1. Irénée de LYON, *Contre les hérésies*, IV, 20, 5-7 ; *op. cit.*, p. 472-474.

**Une vision de sainte Thérèse**

*On m'annonça la mort d'un religieux qui avait été provincial de notre province et qui à son décès en gouvernait une autre. J'avais eu des rapports avec lui et je lui étais redevable de plusieurs bons offices. C'était un religieux d'une haute vertu. Mais à la nouvelle de sa mort, un grand trouble s'empara de moi: je craignais pour son salut; pendant vingt ans il avait été supérieur, chose que je redoute tant, car, à mon avis, il y a beaucoup de danger à avoir charge d'âmes. Je m'en allai donc tout affligée à un oratoire. J'offris pour lui tout le bien que j'avais pu faire en ma vie, quoique ce fût peu de chose, et je conjurai le Seigneur de suppléer par ses mérites à ce qu'il fallait pour délivrer cette âme du purgatoire. Tandis que j'adressais de mon mieux cette supplique au Seigneur, il me sembla voir à ma droite cette âme qui sortait du fond de la terre et s'élevait au ciel toute remplie d'une indicible allégresse. Ce religieux était très âgé au moment de sa mort; mais je le vis sous les traits d'un homme de trente ans et même moins, avec un visage tout resplendissant. Cette vision fut de très courte durée; néanmoins je fus si consolée, que depuis lors je n'ai jamais pu avoir le moindre chagrin de sa mort, malgré la peine très vive de beaucoup d'autres personnes, car il était très estimé. Ma consolation était si vive que j'étais très tranquille à son sujet et ne pouvais douter de la réalité de la vision. Je veux dire que je n'avais pas été victime d'une illusion.*

*Il n'y avait pas plus de quinze jours que ce religieux était mort; cependant je recommandais de bien prier pour lui et je le faisais moi-même; mais ce n'était plus avec la même ferveur que si je n'avais pas eu cette vision. Quand en effet le Seigneur me montre ainsi une âme et qu'ensuite je veux prier pour elle, il me semble de toute évidence que je fais l'aumône à un riche. Comme ce religieux était mort dans une localité très éloignée d'ici, je n'appris que plus tard quelle sainte mort le Seigneur lui avait accordée. Elle avait été en effet des plus édifiantes. Et tous ceux qui en furent témoins ne purent s'empêcher d'admirer avec quelle lucidité d'esprit, quelles larmes et quelle humilité, ce religieux terminait sa vie.*

Sainte Thérèse d'Avila, *Vie écrite par elle-même*
*Œuvres Complètes* T. 1.
Trad. du R.P. Grégoire de Saint-Joseph,
Carme déchaussé; Paris, Le Seuil, 1949,
coll. « Œuvres spirituelles », ch. 38, p. 439-441.

qu'elles sont. Par exemple, cette image du voir ne renvoie pas à un simple spectacle, à l'assistance interminable à « un incessant "one God Show" qui se déroulerait en un ennui aussi éternel [2] ». Il s'agit d'un voir qui est l'expression même de la vie. Il nous faut donc penser aux expériences les plus

2. P. GUILBERT, *Il ressuscita le troisième jour*, Paris, Centurion, 1975, p. 251.

fortes du voir que nous avons pu faire, même si elles ont été fugitives : par exemple, la communion avec un paysage enchanteur, saturé de beauté, joie pour le cœur autant que pour la vue ; l'émerveillement artistique causé par les couleurs et les formes d'un tableau ; la beauté fragile d'une personne aimée. Nous parlons alors de « ravissement », c'est-à-dire que nous sommes comme arrachés à nous-mêmes par l'étincelle d'une transcendance qui renvoie à l'absolu.

Nous pouvons faire aussi appel à l'expérience de nos autres sens, l'ouïe, le toucher, l'odorat et le goût. La vie éternelle est ainsi présentée sous la forme d'un repas de fête, plaisir du goût sans doute, mais inséparable de celui de la convivialité, de l'échange humain qui passe par le partage des mets. Ce repas est évoqué dans les paraboles évangéliques comme le repas des noces du Fils avec l'humanité. La métaphore des noces renvoie aux expériences les plus intenses de l'amour, qui sont, elles aussi, une image de cette vie d'amour qui sera la nôtre, de par notre participation à l'échange trinitaire.

L'Apocalypse nous présente aussi le ciel sous la figure d'une liturgie éternelle vécue autour du trône de Dieu et de l'agneau immolé et glorieux. Ici encore il ne faut pas introduire dans l'image la perspective d'une célébration ennuyeuse et qui n'en finit pas, mais plutôt l'intensité de la fête, d'un instant exceptionnel qui ne passe pas.

L'Écriture utilise aussi les images de la Cité Sainte, de la Jérusalem céleste décrite dans l'Apocalypse (21, 1-27) qui « sera la demeure de Dieu avec les hommes. Il demeurera avec eux. Ils seront ses peuples et lui sera le Dieu qui est avec eux. Il essuiera toute larme de leurs yeux. La mort ne sera plus. Il n'y aura plus ni deuil, ni cri, ni souffrance, car le monde ancien a disparu » (21, 3-4). Une autre image est celle de la terre promise, celle où sans fin coulent le lait et le miel.

Évidemment, il importe de ne pas faire du ciel, à partir de ces représentations, le lieu d'une jouissance égoïste et avilissante. Sans doute la joie du ciel ne sera-t-elle pas quelque chose d'absolument différent des plaisirs d'ici-bas. Sinon elle ne pourrait pas nous combler, ni être à « notre goût ». Mais elle sera le fait d'un amour parfaitement pur et ouvert aux autres, qui nous invitera à un incessant dépassement de nous-mêmes, dans une ouverture et une communion toujours plus grandes.

### *Le ciel, communauté de personnes*

Si le ciel est communion des hommes avec Dieu, il est évidemment aussi communion des hommes entre eux. L'humanité est faite d'une « multitude de frères ». Le ciel est constitué par le corps mystique du Christ, c'est-à-dire le corps de l'humanité intégré dans l'humanité personnelle du Christ. Le ciel, c'est donc la parfaite réalisation de l'Église, qui se confond désormais avec le Royaume de Dieu qu'elle annonçait et faisait déjà grandir sur la terre.

Désormais tous les murs de haine sont abattus, l'humanité vit dans la réconciliation complète et dans la charité. Toutes les relations inaugurées sur la terre se retrouvent et s'épanouissent. Un nombre infini de relations nouvelles se noue. Cette communion sans confusion vit de l'unité même du Père, du Fils et de l'Esprit à leur louange et à leur gloire. C'est pourquoi l'Église honore les saints, ces témoins de l'Évangile qui par leur exemple et leur enseignement nous aident à marcher vers le Royaume. Glorifiés auprès du Père ceux-ci ne cessent pas d'associer leur intercession à celle du Christ. Dans leur concert, la Vierge Marie est la première à prier pour nous.

Cela n'est possible que parce que la distinction des personnes humaines est parfaitement maintenue, de même que l'identité concrète de chacune. En effet, la disproportion qui existe entre l'homme et Dieu pourrait susciter en nous une interrogation et même une angoisse. Dans cet univers du Royaume de Dieu ne serons-nous pas perdus comme une goutte d'eau dans la mer ? Qu'en sera-t-il de notre personnalité ? Ce don de Dieu ne nous brûlera-t-il pas tout entier au point de ne rien laisser de nous ? Les mystiques orientales ne présentent-elles pas le salut comme une forme de perte de soi dans le grand tout ?

Selon la perspective chrétienne, il n'en va nullement ainsi : la divinisation de l'homme, déjà secrètement vécue dans la grâce et qui sera pleinement manifestée dans la gloire de Dieu, n'entre jamais en conflit avec son humanisation. Les deux coïncident, puisque nous ne pouvons être pleinement nous-mêmes sans vivre en communion avec Dieu. Pour l'homme la proximité accrue de Dieu n'est pas sa perte mais sa promotion ; elle le fait devenir plus libre et plus lui-même.

**Terre nouvelle et cieux nouveaux**

*Nous ignorons le temps de l'achèvement de la terre et de l'humanité (cf. Actes 1, 7), nous ne connaissons pas le mode de transformation du cosmos. Elle passe, certes, la figure de ce monde déformée par le péché (cf. 1 Corinthiens 7, 31); mais, nous l'avons appris, Dieu nous prépare une nouvelle demeure et une nouvelle terre où régnera la justice (cf. 2 Corinthiens 5, 2; 2 Pierre, 3, 13) et dont la béatitude comblera et dépassera tous les désirs de paix qui montent au cœur de l'homme (cf. 1 Corinthiens 2, 9; Apocalypse 21, 4-5).*
*Alors, la mort vaincue, les fils de Dieu ressusciteront dans le Christ, et ce qui fut semé dans la faiblesse et la corruption revêtira l'incorruptibilité (cf. 1 Corinthiens 15, 42 et 53). La charité et ses œuvres demeureront (cf. 1 Corinthiens 13, 8; 3, 14) et toute cette création que Dieu a faite pour l'homme sera délivrée de la vanité (cf. Romains 8, 19-21).*
*Certes, nous savons bien qu'il ne sert à rien à l'homme de gagner l'univers s'il vient à se perdre lui-même (cf. Luc 9, 25), mais l'attente de la terre nouvelle, loin d'affaiblir en nous le souci de cultiver cette terre, doit plutôt le réveiller: le corps de la nouvelle famille humaine y grandit, qui offre déjà quelque ébauche du siècle à venir. C'est pourquoi, s'il faut soigneusement distinguer le progrès terrestre de la croissance du règne du Christ, ce progrès a cependant beaucoup d'importance pour le royaume de Dieu, dans la*

*mesure où il peut contribuer à une meilleure organisation de la société humaine.*
*Car ces valeurs de dignité, de communion fraternelle et de liberté, tous ces fruits excellents de notre nature et de notre industrie, que nous aurons propagés sur terre selon le commandement du Seigneur et dans son Esprit, nous les retrouverons plus tard, mais purifiés de toute souillure, illuminés, transfigurés, lorsque le Christ remettra à son Père « un royaume éternel et universel: royaume de vérité et de vie, royaume de sainteté et de grâce, royaume de justice d'amour et de paix » (Préface pour la fête du Christ-Roi).*
*Mystérieusement, le royaume est déjà présent sur cette terre; il atteindra sa perfection quand le Seigneur reviendra.*

Vatican II, *L'Église dans le monde de ce temps*, 39

Tout ce qui fait notre identité d'homme ou de femme, identité modelée par notre histoire terrestre, sera donc maintenu tout en étant transfiguré. L'être personnel que nous nous serons façonnés, la richesse de nos expériences, l'immense acquis de notre existence, tout cela, qui est le fruit de la grâce et de notre liberté, se maintiendra avec toutes les capacités d'ouverture, de relation et de communion ainsi éveillées. Le ciel sera donc les « retrouvailles » des relations humaines établies en ce monde. Dieu pourra prendre alors en mains cet être inachevé pour lui donner de nouvelles dimensions dont nous n'avons pas idée.

Mais qu'en sera-t-il des tout petits enfants ou des handicapés mentaux dont l'intelligence s'est trouvée empêchée de s'exercer sur terre ? Épanouiront-ils aussi une véritable personnalité ou ne seront-ils pas les « parents pauvres » du ciel ? Nous savons pourtant que les grands handicapés sont capables de vivre une affectivité très forte et qu'ils ne sont pas dépourvus de relations. Leur passage en Dieu sera d'abord la libération de leur handicap et la guérison de toutes leurs facultés de comprendre et d'aimer. On attribue au général de Gaulle cette réflexion merveilleuse qu'il fit à sa femme après l'enterrement de leur fille Anne, petite mongolienne qu'ils avaient entourée de toute leur affection : « Maintenant, elle est comme les autres. » Au ciel les handicapés seront « comme les autres », et épanouiront toutes les richesses d'une liberté qui n'avait pas pu se manifester ici-bas.

## *De commencement en commencement*

La vie des hommes en Dieu n'aura rien d'une réalité statique et monotone. Elle sera une croissance perpétuelle en connaissance et en amour. Grégoire de Nysse, un Père de l'Église du IVe siècle, permet de l'évoquer à l'aide d'un texte célèbre :

Ainsi celui qui monte ne s'arrête jamais d'aller de commencement en commencement, par des commencements qui n'ont jamais de fin. Jamais celui qui monte n'arrête son désir à ce qu'il connaît déjà ; mais s'élevant successivement, par un autre désir à nouveau plus grand, à un autre supérieur encore, l'âme poursuit sa route vers l'infini à travers des ascensions toujours plus hautes [3].

## *Le ciel anticipé*

Dès maintenant ce monde nouveau est en gestation : il grandit sans cesse autour de nous jusqu'au jour de la pleine révélation et transfiguration de toutes choses en Dieu. Jusqu'à la fin des temps le ciel est une maison aux portes ouvertes.

Mais, pensera-t-on peut-être, cette présentation idyllique du bonheur qui nous est promis dans le Royaume futur ne risque-t-elle pas de nous faire oublier que le Royaume des cieux est déjà présent ici-bas depuis la venue du Christ et qu'il comporte de nombreuses tâches ? N'avons-nous pas à nous faire redire par les anges de l'Ascension : « Hommes de Galilée, pourquoi restez-vous là à regarder vers le ciel ? » (Actes 1, 11). A vrai dire, une telle tentation a sans doute davantage menacé les chrétiens d'autrefois que ceux d'aujourd'hui. Dans la mesure où elle serait vraie, nous ne devons jamais oublier que le ciel éternisera tous les actes d'amour et de service que les hommes auront accomplis sur terre. Selon le dessein de Dieu il sera constitué pour une part de ce que nous aurons fait. C'est pourquoi une telle perspective doit plutôt se traduire par la conscience d'une urgence à agir dans la foi, l'espérance et la charité, afin que les hommes soient plus hommes et s'ouvrent à Dieu. En ce sens la construction de la cité terrestre bâtit aussi la cité céleste. Le

3. Grégoire de NYSSE, Homélie VIII sur le *Cantique des cantiques* ; trad. M. Canevet, *La colombe et la ténèbre*, Paris, Orante, 1967, p. 111.

poids d'éternité qui s'attache à chacune de nos actions ne doit nullement nous démobiliser. Il doit plutôt creuser en nous l'appel à œuvrer pour le salut du monde.

Dans la mesure où notre vie grandit dans la foi, nous ne pouvons pas ne pas être attentifs aux signes, si fragiles et ténus qu'ils soient, de l'anticipation du ciel sur la terre, partout où des hommes se convertissent, renoncent à leur péché et découvrent l'amour, partout où la justice, la liberté et le respect des droits de chacun progressent. Ce n'est pas pour rien que les images du ciel sont prises de la terre. Or ces signes ne sont que la face visible de cette gestation cachée du Royaume des cieux parmi nous.

# 10. Le purgatoire : une guérison

Le terme de purgatoire est sans doute malheureux, parce que la réalité qu'il désigne est éminemment positive. Aussi beaucoup souhaiteraient qu'un autre nom lui soit donné. En l'état actuel des choses, il importe de nous débarrasser d'un certain nombre de représentations dont les unes sont fausses, parce que trop naïves, et les autres dangereuses et parfois perverses. Sur le fondement de ce décapage, on peut alors mieux comprendre le processus de réflexion historique par lequel l'Église, interprétant la révélation, en est venue à parler du purgatoire, et exprimer, avec la discrétion qui convient en un tel domaine, une conception plus juste de la nécessaire *guérison* que comporte le passage définitif de l'homme en Dieu, c'est-à-dire la Pâque de chacun d'entre nous.

## *Des représentations fausses et même dangereuses*

La représentation courante du purgatoire, celle qui habite nos mentalités et parfois notre inconscient, est celle d'un *lieu* de *souffrance* dans lequel les hommes déjà amis de Dieu, mais encore chargés du poids des conséquences du mal commis, *expient* pendant un certain *temps* leurs péchés, afin de satisfaire à la justice divine par une sorte de compensation. « Le purgatoire est un lieu où l'on va ''expier'' sa dette, en fonction de ce que l'on a fait », dit un témoignage entendu.

De ce lieu de souffrance et de supplice le maître d'œuvre serait évidemment Dieu. « On s'imagine une salle de torture, un camp de concentration céleste où l'horreur succède à l'horreur [1]. » Le purgatoire est compris en analogie avec les images de l'enfer : on y « brûle » dans les deux cas, la grande différence étant que le premier ne dure pas toujours, mais seulement « un certain temps ».

Cette conception repose sur une idée de la justice de Dieu qui n'est que la transposition dans l'au-delà des misérables justices des hommes. Le condamné est envoyé en prison où il purge sa peine avant de pouvoir être réintégré dans la société. Cette peine est à la fois vindicative, c'est-à-dire répressive, et l'on sait de quels sévices certains régimes politiques sont capables à l'égard des prisonniers, et médicinale, car elle a pour but d'amener le délinquant à résipiscence. Aussi, comme dans l'au-delà tout doit être poussé à l'extrême, la « détention » en purgatoire s'accompagne-t-elle de tous les supplices possibles.

Ce type de représentation est pervers, tout sim-

1. K. LEHMANN, « Le purgatoire », *Communio* V, 3, 1980, p. 30.

plement, parce que, pour reprendre l'image du camp de concentration, il fait de Dieu le SS suprême et absolu. Ce qui est dramatique dans ce système de pensée, c'est que l'homme projette en Dieu sa propre conception de la justice, marquée par le péché. On connaît le mot ironique de Voltaire : « On dit que Dieu a créé l'homme à son image ; l'homme le lui a bien rendu. » Tel est le cas dans cette conception du purgatoire, reliée elle-même à une fausse idée du sacrifice de la croix dans les temps modernes. Dieu y est pensé à l'image d'un homme vindicatif qui veut que « ça saigne », parce qu'il a été offensé.

Il s'agit là d'un contresens tragique sur certaines expressions bibliques, où l'on oublie que le centre de gravité de la révélation chrétienne se situe dans la tendresse miséricordieuse de Dieu pour les hommes, et que le propre de la justice de Dieu n'est pas de punir mais de justifier et de faire vivre. Dans cet état de choses, la tradition de la pastorale de la peur, déjà évoquée, porte sa part de responsabilité. Elle a marqué les mentalités de manière durable.

Il y a aussi une certaine naïveté à se représenter le purgatoire comme un lieu et un temps analogues à ceux de notre univers. Car l'univers de Dieu est celui d'une présence mutuelle où les cloisonnements n'ont plus de raison d'être. L'éternité n'est pas une succession d'instants, mais une présence simultanée de tous dans un instant unique qui serait de toujours à toujours. Quand un homme quitte cette vie, il passe immédiatement dans cet univers qui ne connaît plus nos coordonnées. Dans toute la mesure du possible, il nous faut donc dépasser cette représentation, afin de comprendre le purgatoire comme un aspect ou une dimension du passage de l'homme en Dieu.

## *La genèse du purgatoire*

Si l'on interroge l'histoire de la doctrine chrétienne, une surprise de taille nous attend : il a fallu attendre le XIIe siècle pour que l'on parle du purgatoire, sous la forme d'un substantif correspondant à un lieu. Jusque-là le mot n'était qu'un adjectif. Depuis saint Augustin on parlait d'un « feu purifiant [2] ». Cette donnée d'histoire explique que le purgatoire constitue un point de divergence entre l'Église catholique et l'Orthodoxie, qui trouve l'Occident beaucoup trop curieux sur ce point. De même, les Églises issues de la Réforme, en raison de leur principe biblique et de leur réaction contre les abus des indulgences, ne tiennent pas l'existence du purgatoire.

Comment expliquer ce développement ? Deux données majeures sont ici à souligner : la valeur de la prière pour les défunts et la conviction de la nécessité pour la plupart d'entre eux d'une purification sanctifiante, afin qu'ils puissent paraître devant Dieu. Les deux thèmes sont liés et se conditionnent l'un l'autre.

---

2. Cf. J. LE GOFF, *La naissance du purgatoire*, Paris, Gallimard, 1981.

### *La prière pour les défunts*

Le fameux adage selon lequel la règle de la prière est une règle de foi *(lex orandi, lex credendi)* a joué ici un grand rôle. Déjà dans le judaïsme du premier siècle avant notre ère on priait pour les défunts. C'est ainsi que Judas Macchabée faisait prier et même offrir un sacrifice pour des soldats morts au combat et que l'on soupçonnait d'apostasie :

> Tous alors, bénissant la conduite du Seigneur, juste juge, qui fait apparaître les fautes secrètes, se livrèrent à une prière publique, pour obtenir l'entier pardon de la faute commise. L'héroïque Judas... fit alors parmi les hommes une collecte d'environ deux mille drachmes qu'il envoya à Jérusalem pour l'offrande d'un sacrifice expiatoire : belle et noble action inspirée par la pensée de la résurrection. Car s'il n'avait pas espéré la résurrection pour les soldats tombés, il était superflu et sot de prier pour les morts ; mais envisager la magnifique récompense réservée à ceux qui se sont endormis dans la fidélité, c'était là une pieuse et sainte pensée. Voilà pourquoi il fit faire ce sacrifice expiatoire, afin qu'ils fussent absous de leur péché (2 Maccabées 12, 41-465).

Trois choses sont à noter dans le geste de Judas Macchabée, loué par le rédacteur du livre : l'espérance en la résurrection, l'espérance d'un pardon de Dieu pour ceux que la mort a saisis au terme d'une vie douteuse, et enfin une communion entre les vivants et les défunts qui fait que les premiers peuvent intercéder avec fruit pour les seconds.

Ces convictions furent spontanément celles de l'Église primitive. C'est ainsi que le récit de la passion de sainte Perpétue, au IIIe siècle, raconte que la sainte vit en songe son jeune frère Dinocrate, récemment décédé d'un cancer à l'âge de sept ans. Il souffrait de la soif et n'arrivait pas à se désaltérer. Perpétue prie alors pour lui tous les jours et elle a la consolation de revoir en songe son jeune frère pouvant boire de l'eau et jouant joyeusement avec elle comme font les enfants [3]. Sous une forme imagée, ce récit enseigne l'utilité d'une prière dont les défunts ont en quelque sorte besoin.

De même, saint Cyprien est préoccupé du salut de ceux qui sont tombés dans l'apostasie au cours d'une persécution et qui n'ont pas obtenu la réconciliation de l'Église ou ne l'ont obtenue qu'au dernier moment. Il estime que ces hommes peuvent être purifiés dans l'au-delà. Ils sont à ce titre l'objet de la prière de l'Église [4]. De son côté la liturgie fait état très tôt d'une prière pour les défunts. C'est donc que cette prière a un sens et peut leur être utile en vertu de la communion des saints.

Cyrille de Jérusalem exprime ainsi la valeur à double sens de la commémoration des défunts dans la liturgie eucharistique :

> Ensuite, nous faisons mention aussi de ceux qui se sont endormis, d'abord des patriarches, des prophètes, des apôtres, des martyrs, afin que Dieu, grâce à leurs prières et à leurs intercessions, fasse bon accueil à notre supplication. Ensuite, nous prions pour les saints pères et évêques endormis, et en général pour tous ceux qui se sont endormis avant nous, en croyant qu'il y aura très grand profit pour les âmes, en faveur desquelles la

---

3. *Passion de Perpétue et Félicité*, n. 7-8.
4. Saint CYPRIEN, *Lettre* 55, 20.

supplication est offerte, tandis que se trouve présente la sainte et si redoutable victime [5].

Ainsi, selon ce témoignage, de même que les élus intercèdent avec fruit pour les hommes qui sont sur terre, de même ceux-ci peuvent intercéder utilement pour ceux qui les ont précédés dans la mort.

Saint Augustin affirme lui aussi l'efficacité de la prière pour les défunts. Lui-même prie avec ardeur pour sa mère, sainte Monique [6]. Il a aussi l'idée de « peines purifiantes » pour ceux qui sont morts sans être « tout à fait bons ». Les suffrages de ceux qui sont sur la terre peuvent les aider.

## *Quelle peut être l'efficacité de la prière pour les défunts ?*

Cette prière pour les défunts fait difficulté. Comment pouvons-nous lui attribuer une efficacité, si d'une part nous estimons qu'elle ne peut changer le jugement de Dieu sur les personnes, et si d'autre par il nous est impossible d'agir à la place de la liberté d'un autre ? On sait comment la pratique abusive et odieuse des indulgences au XVIe siècle a véhiculé l'idée qu'une offrande pouvait délivrer immédiatement une âme du purgatoire. « Dès que la pièce sonne dans le tronc, disait le prédicateur Tetzel, l'âme s'échappe du purgatoire. »

5. Cyrille de JÉRUSALEM, *Catéchèses mystagogiques*, V, 9 ; trad. A. Piédagnel, Sources chrétiennes 126, p. 159.

6. Saint AUGUSTIN, *Confessions*, IX, 13, 34-37 ; *B.A.* 14, p. 133-139.

En réalité, ces difficultés concernent la fécondité de toute prière pour les autres. Nous ne pouvons prétendre changer l'attitude de Dieu à leur égard, puisque la bienveillance de celui-ci leur est toujours acquise ; et nous n'avons pas pouvoir sur leur liberté intérieure. Mais ici la difficulté augmente, puisque se trouve mise en jeu la relation entre l'ici-bas et l'au-delà.

La réponse à ces questions tient dans la réalité de la communion des saints et dans la fécondité de l'amour. La communion des saints affirme une solidarité spirituelle entre tous ceux qui appartiennent à l'unique corps du Christ et dans lequel la circulation de la vie est totale à l'initiative de la Tête. Nous pouvons en comprendre quelque chose à partir de la solidarité des libertés dont nous faisons l'expérience ici-bas. Tout mal commis dans notre monde affecte la société, tant par l'exemple qu'il donne que par les conséquences qu'il engendre. Il nous rend la pratique du bien plus difficile. Au contraire celui qui s'élève élève les autres et le monde. La genèse de la liberté de chacun est ainsi conditionnée par l'usage de la liberté de tous. L'enfant a besoin de l'amour de ses parents pour naître tant à l'amour qu'à la liberté ; nous avons tous besoin de l'amour des autres pour vivre et pour progresser. Le salut respecte cette solidarité fondamentale.

Or cette solidarité entre les membres du corps du Christ franchit le seuil de la mort. D'une part, tous les élus qui appartiennent au corps glorifié du Christ s'unissent par leur louange, leur action de grâce à celui « qui est toujours vivant pour intercéder en notre faveur » (Hébreux 7, 25). Ce grand mouvement d'amour de l'humanité sauvée épaule notre liberté et l'aide à s'orienter dans l'amour. Et c'est pourquoi nous pouvons nous confier à l'intercession de la Vierge et des saints, qui ne prend de valeur que dans celle du Christ. Cette intercession du Christ et des saints aide évidemment tous ceux qui ont à vivre un processus de purification avant de paraître devant Dieu. Mais l'Église pérégrinante n'est pas à la porte de ce grand mouvement de communication dans l'amour : c'est pourquoi ses membres doivent prier les uns pour les autres, dans la louange et l'action de grâce. Cette prière concerne ceux qui partagent notre vie terrestre, très particulièrement ceux qui vivent leur dernier combat, afin que celui-ci s'achève par une mort dans le Christ, et en définitive leur personne et leur destinée tout entière. C'est l'unité infrangible constituée par leur vie terrestre et leur passage en Dieu qui est ainsi l'objet de notre prière, au-delà de toutes les concomitances temporelles. Quand nous célébrons l'eucharistie pour les défunts, nous rendons grâce au Père par Jésus-Christ pour les merveilles qu'il a réalisées en eux et nous unissons notre intercession pour eux à celle du Christ. C'est un acte de communion avec eux dans l'unique amour du Christ.

### *Une purification sanctifiante*

Un passage de 1 Corinthiens 3, 11-15 a joué un grand rôle dans l'élaboration de la doctrine du purgatoire, bien qu'aujourd'hui son interprétation en ce sens soit discutée :

Quant au fondement, nul ne peut en poser un autre que celui qui est en place : Jésus-Christ. Que l'on bâtisse sur ce fondement avec de l'or, de l'argent, des pierres précieuses, du bois, du foin ou de la paille, l'œuvre de chacun sera mise en évidence. Le jour du jugement la fera connaître, car il se manifeste par le feu, et le feu prouvera ce que vaut chacun. Celui dont la construction subsistera recevra un salaire. Celui dont l'œuvre sera consumée en sera privé : lui-même sera sauvé, mais comme on l'est à travers un grand feu.

Ne cherchons pas dans ce texte une illustration aux images naïves du purgatoire. « Mais, tout à l'inverse le "purgatoire" ne trouve-t-il pas sa vraie définition chrétienne quand on lui donne un sens christologique et quand on explique que le Seigneur lui-même est ce feu qui juge en transformant l'homme et en le rendant "conforme" à son corps glorifié (Romains 8, 29 ; Philippiens 3, 21) [7] ? »

Quoi qu'il en soit de ce texte, l'Écriture insiste sur la pureté de cœur nécessaire pour approcher Dieu : « Heureux les cœurs purs, ils verront Dieu ! » (Matthieu 5, 8). Notre réconciliation avec Dieu, acquise par la mort de son Fils, a pour but de nous « faire paraître devant lui saints, irréprochables, inattaquables » (Colossiens 1, 22). De même le Christ s'est livré pour son Église : « Il a voulu ainsi la rendre sainte en la purifiant avec l'eau qui lave et cela par la parole ; il a voulu se la présenter à lui-même splendide, sans tache ni ride, ni aucun défaut ; il a voulu son Église sainte et irréprochable » (Éphésiens 5, 25-27).

---

7. J. RATZINGER, *La mort et l'au-delà*, Paris, Fayard, 1979, p. 248.

### Le feu de l'amour est toujours le même

*La doctrine du purgatoire est fondée sur ceci que, pour être unis à Dieu dans une communauté de vie, il faut que nous soyons tout amour comme lui-même est tout amour. Pas un atome, pas un grain d'égoïsme ne peut entrer en Dieu. Seul l'amour est assimilable à l'amour. Qui donc oserait penser qu'à l'heure de sa mort, il est constitué en état de parfait amour et qu'il n'y a plus en lui le moindre atome d'égoïsme ? La Vierge Marie étant seule exceptée, c'est impossible.*

*Disons, en jouant sur les mots : pour que l'amour soit consommé, il faut que l'égoïsme soit consumé. Pour que l'amour soit consommé en béatitude, il faut que l'égoïsme soit consumé en repentir purifiant.*

*Une telle purification, qui atteint le fond de l'être ne peut pas ne pas être douloureuse.*

*L'arrachement à soi, c'est la souffrance même. La souffrance du temps présent commence déjà cette œuvre de purification. Et si la souffrance n'avait pas cette valeur de purification, elle serait purement et simplement un non-sens, un scandale. Il y a donc un purgatoire dès ici-bas.*

*Il n'y a rien de surprenant à ce que la Tradition compare à un feu cette brûlure de la purification. Purgatoire signifie aussi purificatoire. Au fond, c'est le même feu qui damne en enfer, qui purifie en purgatoire, qui béatifie au ciel. Dieu ne change pas, le feu de l'amour est toujours le même. C'est nous qui sommes différents devant l'amour immuable et infini : si nous sommes totalement contraires à l'amour, le feu de Dieu nous torture ; si nous sommes capables de purification, ce feu nous purifie ; et si nous sommes unis à Dieu, ce feu nous béatifie.*

François Varillon, *Joie de croire, joie de vivre,* conférences recueillies par Bernard Housset, Le Centurion, 1981, p. 203

Aussi est-ce avec cet unique terme de « purification » que le Concile de Vatican II évoque discrètement la doctrine du purgatoire (*Lumen Gentium* 49). A la lumière de cette histoire et de ces données, comment comprendre aujourd'hui cette doctrine ?

### *Une « opération-vérité » (H. Bourgeois [8])*

Le purgatoire est un processus de purification, c'est-à-dire une opération qui fait en nous la vérité et nous met dans la vérité, afin de nous permettre de parvenir à la vision bienheureuse de Dieu et donc à la plénitude de la vie.

Ce « processus », que nous avons toujours tendance à considérer comme un « temps », se passe par définition en dehors du temps puisqu'il appartient à l'au-delà. Il faut donc plutôt le considérer comme un aspect qualitatif de notre passage en

8. H. BOURGEOIS, *L'espérance maintenant et toujours*, Paris, Desclée, 1985, p. 262-263.

Dieu et du jugement personnel de chacun. Le « moment » du purgatoire est celui de notre rencontre de Dieu.

Mais pourquoi cette purification? Parce que, même si l'orientation fondamentale de notre vie a répondu positivement à la grâce de Dieu, nous demeurons empêtrés dans les contradictions et les opacités dont notre égoïsme, notre orgueil, nos violences et notre mensonge ont laissé en nous des traces tenaces. Il y a encore en nous des résistances, des zones profondes de notre être qui ne sont pas assez converties. Notre personnalité n'est pas encore complètement intégrée dans la dynamique de l'amour.

Il suffit de regarder avec courage notre vie pour découvrir tout ce que nous cachons aux autres. Le plus souvent nous sommes également incapables de porter le poids de vérité que comporte le jugement des autres sur nous-mêmes. Or le monde de Dieu est celui de la lumière et de la transparence et nous ne pouvons y entrer sans devenir transparents et lumineux nous-mêmes.

La nécessité du purgatoire vient donc de nous-mêmes et non pas d'une volonté arbitraire de Dieu.

### *Quelle souffrance?*

La souffrance du purgatoire est celle d'un amour encore ligoté. L'or encore mélangé de notre amour doit être mis au creuset pour être purifié de toutes ses scories. Le choc de la rencontre de Dieu en celui qui est encore pour une part opaque est donc un

« feu dévorant » (Deutéronome 4, 24). Tel est le sens de l'image du feu qui accompagne la représentation du purgatoire. C'est le feu de l'amour de Dieu qui ne brûle que ce qui le contredit. Nous avons par exemple à purifier notre sensibilité et notre imagination. « La mort et la résurrection sonnent comme le réveil de notre sensibilité profonde qui était plus ou moins endormie sur la terre [...] Nous recevons en plein cœur tous les coups que nous avons portés aux autres [9]. » Ne parlons-nous pas nous-mêmes du regret de nos fautes comme d'une brûlure ? Nous appelons un temps de conversion intense un moment de feu. Ce feu est à la fois celui de la contrition et de l'amour : la souffrance de n'avoir pas assez aimé se transforme en amour.

Nous avons de même à nous purifier des fausses idées que nous nous faisons de Dieu et des autres et à nous libérer des souffrances malsaines que nous entretenons. « Chacun peut souffrir, même terriblement, du châtiment qu'il ne subira jamais, mais qui le torture intérieurement et qu'il s'inflige à lui-même. C'est un atroce malentendu, d'autant plus qu'on peut amplifier la force de frappe de coups brutaux qu'on ne recevra jamais [10]. »

La souffrance du purgatoire est corrélative du décentrement que nous avons à opérer pour voir les choses de la manière dont Dieu les voit. Paradoxalement cette souffrance est aussi une joie, un

---

9. D. FOUCHER, *Réponse aux questions : Dieu, Satan, l'au-delà, la résurrection, le purgatoire, la femme ?*, 1984, p. 77.

10. *Ibid.*, p. 79.

« contentement » dit sainte Catherine de Gênes, la joie de l'entrée dans la lumière et dans la vie.

### *Le purgatoire, don de Dieu*

Du côté de Dieu, le purgatoire n'est pas un châtiment mais le don d'une métamorphose transformante, en même temps qu'une exigence de son amour. Dieu vient à la rencontre de l'homme inachevé, comme le Père à la rencontre du prodigue. Il l'accueille à bras ouverts, mais aussitôt il le revêt de la plus belle robe, parce qu'il ne peut faire entrer son fils chez lui, sale et en haillons de misère. Pour entrer au banquet du roi, il faut revêtir la robe nuptiale.

Le purgatoire est donc l'expression de la grande patience de Dieu qui maintient jusque dans l'au-delà de notre pauvre vie la possibilité de l'achèvement de notre conversion totale à l'amour. Ne cherchons aucune opposition entre justice et miséricorde en Dieu. Sa justice est miséricordieuse, et sa miséricorde est juste.

Dans cette rencontre purifiante avec Dieu, le rôle du Christ, le Fils incarné et ressuscité, est central. Celui qui nous a sauvés par son mystère pascal nous purifie en nous intégrant définitivement à son corps glorifié. Dieu ne nous regarde plus désormais qu'à travers le visage de son Fils (sainte Thérèse de l'Enfant-Jésus).

# 11. L'enfer ? Une tragique possibilité

Une réflexion sur l'avenir de notre vie en Dieu ne peut pas faire l'économie de l'enfer. Thème dramatique, douloureux, encombré d'images terribles qui semblent renvoyer à un Dieu gendarme, vengeur, qui prendrait une sorte de plaisir sadique à punir. Une chose est certaine : sans oublier les enseignements de l'Écriture, mais sans chercher à tout savoir, nous avons à convertir bien de nos idées à ce sujet.

Notre point de départ est la certitude la plus centrale et la plus inébranlable de notre foi : Dieu est amour. Nous ne pouvons pas penser l'hypothèse de l'enfer en dehors de cette lumière. Rien, dans les textes du Nouveau Testament, ne peut contredire cette affirmation de l'amour absolu et universel de Dieu. C'est dire d'emblée que Dieu *ne veut pas* l'enfer, ce refus tragique et définitif de l'amour.

Mais l'homme peut vouloir ne pas aimer : c'est cette possibilité qu'énonce l'idée d'enfer. Si l'Écriture évoque l'enfer, avec des images de souffrance, ce n'est nullement pour satisfaire une curiosité, ni nous décrire avec précision le statut d'éventuels réprouvés, encore moins nous dire combien ils sont. L'essentiel de son message est un avertissement qui veut nous mettre en garde. L'existence de l'homme, qui se joue librement dans le choix ou le refus d'aimer, est terriblement sérieuse. L'enfer est une possibilité réelle pour chacun d'entre nous, si notre liberté refuse Dieu de manière définitive. Cet avertissement ne nous dit pas que quelqu'un soit effectivement en enfer. Il ne nous enlève pas l'espérance que tous les hommes soient sauvés, selon le dessein universel de Dieu (cf. 1 Timothée 2, 4).

### *L'enfer dans la prédication de Jésus*

La longue courbe de la révélation qui va des enfers (*sheol* ou *hadès*) à l'enfer a déjà été décrite [1]. Les enfers de l'Ancien Testament représentaient le sort général, jusqu'au moment où s'est ouverte l'espérance de la résurrection et du salut. Avec l'annonce de la victoire définitive remportée par Jésus sur la mort, l'enfer n'est plus qu'un risque pour ceux qui refuseraient formellement le salut.

C'est pourquoi, dans les évangiles, la prédication de Jésus nous met en demeure de choisir entre le bien et le mal, entre l'amour de Dieu et du prochain, d'une part, et le refus égoïste et orgueilleux, enfermant l'homme en lui-même, d'autre part. Elle

---

1. Cf. ci-dessus ch. 2, « La genèse de la foi en la résurrection », p. 27-37.

nous met en garde, en nous disant que les deux issues sont possibles. Pour cela, Jésus n'hésite pas à reprendre à son compte les images scripturaires et les représentations juives les plus violentes : « la fournaise de feu », « les pleurs et les grincements de dents » (Matthieu 13, 42) ; « la géhenne où le ver ne meurt pas et où le feu ne s'éteint pas » (Marc 47-48). C'est le Seigneur qui dit aux vierges folles : « Je ne vous connais pas » (Matthieu 25, 12) et qui demande de jeter le serviteur paresseux et égoïste dans les « ténèbres du dehors » (Matthieu 25, 30) ; et Jésus lui-même sera le Fils de l'homme décidant, lors du jugement dernier : « Loin de moi, maudits, au feu éternel ! » (Matthieu 25, 41). De même, « qui ne croira pas sera condamné » (Marc 16, 16). Dans l'évangile de Jean, Jésus stigmatise également le monde qui ne veut pas croire.

Cependant ces images de l'enfer sont le plus souvent reliées à des textes de *paraboles*. Il ne faut pas les « lire comme un reportage anticipé de ce qui sera un jour, mais comme le dévoilement de la situation véritable où l'homme interpellé se trouve actuellement. C'est le sujet placé devant une décision aux conséquences irréversibles ; c'est l'homme qui peut être définitivement perdu s'il refuse l'offre de salut que Dieu lui fait [2] ».

S'il en est ainsi, comment devons-nous comprendre la parole évangélique : « La multitude est appelée, mais peu sont élus » (Matthieu 22, 14) ? La réflexion de Jésus s'inscrit dans le thème vétéro-

---

2. K. Rahner, *Sacramentum mundi*, Freiburg i. B., Herder, 1968, t. II, p. 736.

testamentaire du « petit reste », qui décrit les étapes d'un salut à visée universelle. Elle ne prétend nullement nous donner une « proportion statistique [3] » des élus et des réprouvés. Sa logique même nous invite à la radicaliser : la « multitude » signifie *tous* (de même que Jésus verse son sang pour « la multitude », c'est-à-dire pour tous, Marc 10, 45 ; 14, 24) ; et « peu » signifie que *personne* n'est élu automatiquement, indépendamment de la nécessaire réponse de sa part. Une fois encore nous sommes en présence d'un avertissement, non d'un renseignement chiffré.

On sait que ce verset a nourri bien des spéculations sur le « petit nombre des élus », depuis l'idée augustinienne de la « masse des damnés », à travers les conceptions médiévales d'un enfer particulièrement peuplé et jusqu'aux prédications sévères des temps modernes. Ces « théologies de la terreur » sont allées parfois jusqu'à l'excès formellement condamné par l'Église de la doctrine de la prédestination, comme si Dieu prédestinait au mal et à la damnation ceux qui devraient refuser le salut. Ce complexe d'idées, en particulier dans son inspiration janséniste, n'a pas disparu des mentalités et constitue trop souvent encore un obstacle à la foi.

### *L'enfer : un risque réel pour toute liberté créée*

Le sens premier de ces avertissements évangéliques est de nous rappeler que l'Amour qui est Dieu

3. Cf. l'étude de Daniel FOUCHER sur le petit nombre des élus dans *Pourquoi l'enfer, si Dieu est amour ?* Ed. de Montligeon, 1986, p. 161-215.

ne peut, par définition, s'imposer à nos libertés : il se propose pour être reconnu et accueilli. Qu'il puisse ne pas être accueilli par le fait d'un choix pleinement libre et responsable, qu'il puisse au contraire être totalement et définitivement refusé, voilà qui fonde la possibilité de l'enfer.

Edith Stein, carmélite morte en camp de concentration et récemment béatifiée, a écrit : « Il appartient à l'âme de décider d'elle-même. Le grand mystère que constitue la liberté de la personne, c'est que Dieu lui-même s'arrête devant elle. Il ne veut dominer les esprits créés que par le don libre qu'ils lui font de leur amour[4]. » La liberté divine ne peut être limitée que par la liberté de l'homme.

Refuser totalement l'amour de Dieu, c'est en définitive refuser l'Esprit Saint lui-même. Aussi Jésus dit-il : « Je vous le déclare, tout péché, tout blasphème sera pardonné aux hommes, mais le blasphème contre l'Esprit Saint ne sera pas pardonné... ni en ce monde, ni dans le monde à venir » (Matthieu 12, 31-32). Car le péché contre le Saint-Esprit est à la fois le péché contre la Lumière, contre la Vie (c'est l'Esprit qui donne la Vie) et contre l'Amour.

Il semble que nous nous heurtions ici à une disproportion injuste et insoutenable : comment une liberté finie, conditionnée comme la nôtre, qui s'exerce toujours sur des choix particuliers, peut-elle engager et sceller un destin éternel ? Il y va en fait de la réalité même de la liberté. « La liberté n'est

4. Edith STEIN, *La science de la croix*, Louvain-Paris, Nauwelaerts, 1957, p. 180.

justement pas la faculté du toujours-à-nouveau-révisible, mais le pouvoir unique du définitif, le pouvoir du sujet qui [...] doit être amené à son état définitif et irrévocable ; [...] la liberté est le pouvoir de ce qui est éternel [...] La liberté est l'événement de l'éternel [5]. » Pour peu que nous interrogions notre expérience, n'est-ce pas ce que nous découvrons au plus profond de notre vœu d'amour et de liberté ? S'il n'en était pas ainsi, il faudrait dire que nous ne sommes nullement libres. Le risque de l'enfer est le correspondant négatif de notre désir de construire du définitif par un amour libre.

### *L'enfer est une création de l'homme*

Dans cette perspective, l'enfer n'est plus une punition de Dieu, mais une création de l'homme. Dieu n'a pas fait l'enfer. L'enfer surgit quand l'amour est totalement refusé.

Notre expérience d'ici-bas nous fait largement percevoir ce que peut être la réalité de l'enfer. L'enfer est déjà sur terre quand la haine, l'égoïsme, la violence, l'injustice et le pouvoir de l'argent l'emportent. C'est l'existence sans amour, la confrontation agressive, la loi du plus fort, le mépris de l'autre. C'est l'enfermement dans la solitude contraire à la nature sociale de l'homme. On connaît la formule de Sartre dans *Huis-Clos* : « L'enfer, c'est les autres. » Le curé de campagne

5. K. Rahner, *Traité fondamental de la foi*, Paris, Centurion, 1983, p. 115.

de Georges Bernanos dit de son côté : « L'enfer, Madame, c'est de ne plus aimer. »

Une autre forme de l'enfer, plus intérieure celle-là, est le désespoir, le moment où l'horizon bouché n'ouvre plus sur aucun avenir. La vie apparaît dénuée de valeur et de sens ; elle ne vaut plus la peine d'être vécue. « Désespérer, c'est descendre en enfer », disait Isidore de Séville [6].

En notre siècle la haine froide et rationnelle a organisé l'enfer dans les camps de concentration nazis et les goulags de trop nombreux pays. Les détenus y étaient et y sont encore des damnés de l'existence. Mais les vrais damnés ne sont-ils pas plus encore ceux qui inventent ces univers de la torture ?

Sans doute aucun de ces enfers n'est-il absolu ni définitif : l'espérance peut habiter le détenu des camps de concentration et l'être sans ressources des bidonvilles. La conversion peut atteindre le cœur du tortionnaire. Une rencontre fraternelle peut sauver du désespoir. Mais ces différents enfers nous montrent de quoi les hommes sont capables.

L'enfer dont la foi chrétienne évoque pour nous le risque ne doit donc pas être compris comme un raffinement de supplices sadiquement inventés par Dieu, mais comme le résultat absolutisé du refus formel et définitif de l'Amour. Le damné souffre avant tout de l'absence de Dieu, ce qu'on appelle la peine du *dam*, de l'impossibilité de le voir et de l'aimer. Or il est ainsi privé de ce dont l'être

---

6. Cf. J. PIPER, *Über die Hoffnung*, Leipzig, Hegner, 1935, p. 49.

humain a le plus besoin, lui qui ne peut vivre sans désirer Dieu. Manquer de Dieu, c'est en quelque sorte pour l'homme manquer de lui-même. Contradiction suprême : le damné hait Dieu et se hait lui-même de haïr Dieu qui est le bien essentiel qu'il ne peut s'empêcher de désirer. Une guerre intérieure permanente consume sa conscience.

Les autres peines de l'enfer ne sont que les conséquences de celle-là.

### *L'enfer doit-il être éternel ?*

La plus grande difficulté posée par l'enfer concerne son éternité. La famille humaine pourra-t-elle être totalement heureuse, si certains en sont exclus ? L'enfer effectif, ne serait-ce que d'un seul damné, ne serait-il pas le scandale de Dieu lui-même ? Comment l'enfer éternel peut-il être compatible avec la logique d'un Dieu d'amour absolu et la toute-puissance de sa volonté salvifique universelle ? Comment des frères et des sœurs du Christ, créés par le Père et pour lesquels le Fils est mort en croix, pourraient-ils se perdre éternellement ?

Certains Pères de l'Église, appelés pour cette raison « miséricordieux », ont fait l'hypothèse (Origène) ou même soutenu la thèse (Clément d'Alexandrie, Grégoire de Nysse) d'un *rétablissement* ou d'une restitution [7] de toutes choses à la fin des temps ; car la fin de l'univers doit répondre à son commencement.

---

7. Le terme technique en est « l'apocatastase », d'un mot grec qui veut dire « rétablissement » et qui se trouve en Actes 3, 21.

**Le risque de la liberté**

*Ni l'enfer, ni le purgatoire, ni le péché originel ne sont intelligibles en dehors de la vocation de l'homme à être divinisé.*
*Le respect de Dieu pour notre liberté qui est essentielle à l'amour inclut l'éventualité de l'enfer, mais je dis bien une éventualité telle que la certitude du salut ne peut être qu'en forme d'espérance. La fidélité n'est pas une certitude d'ordre mathématique.*
*Le risque a la même amplitude que la liberté et tout ce que vous pourrez faire pour diminuer le risque diminuera du même coup la liberté.*
*Si l'enfer est une réalité, la réalité de la damnation, il n'est pas réel comme un volcan, comme la Soufrière que je suis allé voir. On ne devrait pas parler d'« enfer », parce que pour les gens le mot évoque un lieu. L'enfer c'est l'état de damnation, qui est une éventualité réelle, mais je ne peux pas affirmer que c'est une réalité. Le grand risque, finalement, c'est que, si la damnation est réelle et pas seulement éventuelle, [...], c'est une souffrance d'abord pour Dieu, et nous y pensons très peu.*
*On pourrait dire beaucoup de choses, mais je préfère être prudent dans ce domaine. J'admets que c'est à peine pensable comme une limite, mais le risque est réel. Finalement je ne peux pas penser que Dieu peut nous manipuler. Que l'amour de Dieu soit finalement un amour d'enfant de chœur où implicitement Dieu dirait : « Mon pauvre ami...*

*finalement je m'arrangerai pour te sauver quand même. » Je crains qu'il n'y ait là une dégradation de la miséricorde et de l'amour. En d'autres termes, je me demande si le sublime de la vocation chrétienne n'implique pas un tragique. Si vous supprimez le tragique, est-ce que le sublime restera sublime ? C'est bien pour cela qu'en dehors de notre vocation à partager la vie divine l'enfer est inconcevable.*
*Espérer et prier.*

François Varillon
(Entretiens avec Charles Ehlinger),
*Beauté du monde et souffrance des hommes,*
Le Centurion, 1980, p. 130-131.

En fait l'Église a toujours rejeté une telle thèse. Car à ses yeux une réussite à tout prix de l'œuvre de Dieu qui ne respecterait pas la liberté de l'homme anéantirait l'une et l'autre. L'humanité ne serait plus alors qu'un grand automate, conduit vers une béatitude nécessaire et donc sans valeur. L'amour de Dieu se perdrait dans la toute-puissance d'une réalisation grandiose en apparence, mais privée de toute âme et de tout sens. Aussi paradoxal que cela puisse paraître, l'éternité de l'enfer est un corollaire de l'amour de Dieu et de la liberté de l'homme.

## *Le droit et le devoir d'espérer pour tous*

*L'amour excuse tout, croit tout, espère tout* (1 Corinthiens 13, 7).

L'enfer est donc une dramatique possibilité ouverte à notre liberté. Pouvons-nous en conclure qu'il y a des hommes en enfer et aller jusqu'à dire s'ils sont nombreux ou non ? Certainement pas. Le silence de l'Écriture, même pour le cas de Judas, le traître et le type même du pécheur, est total sur ce point. « Ni la sainte Écriture, ni la tradition doctrinale de l'Église, ne disent clairement d'un homme en particulier qu'il se trouve effectivement en enfer. Mais l'enfer apparaît constamment comme une *possibilité réelle*, au même titre que celle de se convertir et de vivre [8]. »

Il y a là un paradoxe que l'on traduit parfois par la boutade : l'enfer existe, mais il n'y a personne dedans. De manière plus juste nous pouvons dire en toute vérité : l'enfer est une possibilité réelle, mais nous pouvons sérieusement espérer qu'il ne sera le destin d'aucun homme.

Cette espérance se fonde sur la volonté salvifique universelle de Dieu. « Nous avons à tenir ensemble, écrit K. Rahner, la proposition que Dieu veut fermement le salut universel, que tous sont sauvés par le Christ, que nous devons *espérer le salut pour tous*, et la proposition que la perdition éternelle est une possibilité réelle [9]. »

---

8. *La foi de l'Église, op.cit.*, p. 409.
9. K. RAHNER, *Sacramentum mundi, op.cit.*, t. II, p. 737.

L'Écriture nous redit maintes et maintes fois la volonté de Dieu que tous soient sauvés (Romains 11, 32; Colossiens 1, 19-20; Éphésiens 1, 10; Jean 12, 32). Retenons ici seulement trois affirmations particulièrement nettes: « Dieu, notre Sauveur, veut que tous les hommes soient sauvés et parviennent à la connaissance de la vérité » (1 Timothée 2, 4); de même: « Elle s'est manifestée, la grâce de Dieu, source de salut pour tous les hommes » (Tite 2, 11); ou encore: « Le Seigneur [...] a fait preuve de patience envers vous, ne voulant pas que quelques-uns périssent, mais que tous parviennent à la conversion » (2 Pierre 3, 9).

La partie historique et visible de l'histoire du salut, qui culmine dans le mystère de la croix et de la résurrection de Jésus, ne peut nous laisser douter de la volonté amoureuse de Dieu de tout mettre en œuvre pour que tous les hommes soient sauvés. Entre l'enfer « possible » et l'enfer « effectif », il y a l'amour inlassable et libérateur de Dieu à l'œuvre pour que la catastrophe qui peut arriver n'arrive jamais. Une telle espérance n'est pas simplement générale et globale; elle concerne concrètement tous les êtres qui nous sont chers.

S'il en est ainsi, nous ne devons craindre l'enfer que pour nous et non pour les autres. Nous pouvons dire avec Kierkegaard:

De ma vie, je n'ai jamais été et n'irai sans doute jamais plus loin que ce point de "crainte et tremblement" où je suis littéralement certain que tout autre que moi accédera aisément à la béatitude. Dire aux autres: vous êtes perdus pour l'éternité: voilà qui m'est impossible. Pour moi, une chose est sûre : tous les autres seront bienheureux, et c'est bien assez — pour moi seul l'affaire reste aléatoire [10].

En vérité, toute spéculation sur l'enfer pour les autres — qui sous-entend que l'enfer ne me concerne pas, parce que moi je suis de toute façon sauvé — est une perversion de l'enseignement biblique et contraire à l'amour du prochain. Elle fait de moi le pharisien de la parabole (Luc 18, 11). « Quiconque envisage la possibilité ne fût-ce que d'*un seul* réprouvé en dehors de lui-même, écrit H. Urs von Balthasar, celui-là sera difficilement capable d'aimer sans réserve [11]. »

Une telle attitude spirituelle peut nous libérer de la crainte de la réprobation d'un être cher. Nous pouvons même imiter la « folle » prière de Moïse et de saint Paul. Après le péché qui a conduit à l'adoration du veau d'or, Moïse monte sur la montagne et prie ainsi : « S'il te plaisait, pardonne leurs péchés. Sinon, efface-moi, de grâce, du livre (de vie) » (Exode 32, 32). Et Paul, évoquant le péché

10. Cité par H. Urs von BALTHASAR, dans *Espérer pour tous*, Paris, D.D.B. 1987, p. 77. Ce livre, l'un des derniers écrits par H. Urs von Balthasar avant sa mort, est une belle méditation sur le problème de l'enfer. Attaqué sans intelligence sur sa thèse par quelques théologiens rétrogrades, il a tenu à leur répondre dans un second livre, paru de manière posthume, *L'enfer. Une question*, Paris, D.D.B. 1988. Ces deux ouvrages sont une référence indispensable pour la théologie de l'enfer aujourd'hui. C'est pourquoi je les utilise plusieurs fois dans ces pages.

11. H. URS von BALTHASAR, *L'enfer. Une question, op. cit.*, p. 60.

d'Israël, proclame : « Oui, je souhaiterais être anathème, être moi-même séparé du Christ pour mes frères, ceux de ma race selon la chair » (Romains 9, 3). En cela Moïse annonce et Paul imite le Christ qui, à la croix, a assumé en sa chair une situation infernale pour le salut de ses frères, à qui il pardonne en la personne de ses bourreaux. De telles prières, de pure essence évangélique, nous montrent que l'espérance n'est pas démobilisante. Elle stimule la charité qui nous met au service du salut de tous.

Les témoins de cette espérance dans la tradition chrétienne sont nombreux :

> Comment supporterais-je, Seigneur, écrit Catherine de Sienne, qu'un seul de ceux que tu as faits comme moi à ton image et ressemblance, aille se perdre et s'échappe de tes mains ? Non, en aucun cas je ne veux qu'un seul de mes frères se perde, un seul de ceux qui me sont unis par une identique naissance pour la nature et pour la grâce [12].

Pour sainte Thérèse de Lisieux aussi, l'enseignement de l'Église au sujet de la possibilité de la réprobation éternelle fut un grand souci [13]. Edith Stein, qui tient pourtant fermement que la liberté de Dieu accepte d'être « limitée par la liberté humaine », réfléchit ainsi avec finesse sur le cas de ceux qui ont été saisis par la mort sans avoir pensé à leur éternité :

---

12. Citée par H. URS von BALTHASAR, *op. cit.*, p. 62.
13. Cf. *ibid.*, p. 63.

Nous ne saurions ignorer le fait que pour d'innombrables hommes, la mort temporelle survient sans qu'ils aient à aucun moment envisagé l'éternité et que le salut ait été un problème pour eux ; que par ailleurs beaucoup d'autres s'efforcent leur vie durant d'obtenir la grâce sans la recevoir en partage — pour autant nous ne savons pas si, pour les uns et les autres, l'heure décisive ne sonnera pas dans quelque au-delà, et la foi peut nous assurer qu'il en va bien ainsi... Alors la foi en l'amour et la grâce illimitée de Dieu justifie aussi l'espérance en une universalité de la Rédemption, bien que la possibilité, demeurant par principe ouverte, de résister à la grâce laisse aussi subsister la possibilité d'une damnation éternelle. Vues sous cet angle, les limites précédemment signalées de la toute-puissance de Dieu tombent à leur tour... Il est impossible que la liberté humaine soit brisée ou exclue par la liberté divine, et tout aussi impossible qu'elle soit pour ainsi dire dupée par elle. Le don de la grâce à l'âme humaine est un acte libre de l'amour divin. A sa diffusion il n'est point de limites [14].

Telle est également la position largement dominante chez les plus grands théologiens d'aujourd'hui.

Cela dit, nous ne pouvons aller plus loin. « La certitude n'est pas à notre portée, mais nous pouvons fonder l'espérance [15]. » Il nous faut donc exorciser notre curiosité, toujours à la recherche d'assurances. Il n'y a pas d'assurance pour l'éternité. Nous devons accepter les deux termes d'un paradoxe où les choses ne semblent pas se rejoindre complètement. Mais ne cherchons-nous pas un

---

14. Cité *ibid.*, p. 65-67.
15. *Ibid.*, p. 32.

savoir, là où nous est proposée la foi ? Nous voulons la sécurité, là où nous est demandée l'espérance. Nous nous cramponnons à la crainte et à l'angoisse, là où nous sommes invités à l'amour.

# Notre chair, « sœur du Christ » (Tertullien)

« HOMMES de Galilée, pourquoi restez-vous là à regarder le ciel ? » (Actes 1, 11), disaient les envoyés célestes aux apôtres qui continuaient à fixer leurs regards en haut après l'ascension de Jésus. En effet, cette ultime apparition se termine, comme les précédentes, par un envoi en mission. Les apôtres regagnent Jérusalem pour y attendre le don de l'Esprit et commencer leur œuvre d'évangélisation selon l'ordre du Seigneur. La scène de l'ascension, comme toute vie chrétienne, est marquée par cette tension entre l'en-haut ou l'en-avant de notre vie, et son ici-bas. Cette longue méditation sur la résurrection et la vie éternelle ne voudrait nullement entretenir une attitude de fuite devant les tâches de ce monde, comme si le chrétien pouvait en traverser les batailles une rose à la main. Bien au contraire, son but est de faire mieux comprendre l'enjeu éternel de nos vies, ainsi que de nous conforter dans la conviction de la solidarité aimante qui unit tous les hommes entre eux, qu'ils aient franchi ou non le seuil de la mort, solidarité que l'on appelle à juste titre la communion des saints. Rien n'est profane en ce monde, dès lors que le Fils de Dieu l'a visité et l'a fait sien. Tout y prend valeur pour engendrer et construire l'éternité. Nous n'avons donc pas à choisir entre l'ici-bas et l'au-delà, puisque l'un et l'autre se compénètrent. La vie éternelle est déjà là ; et notre vie temporelle a un poids d'éternité. Et définitive, le mépris des réalités dernières et de la vocation à la vie de tous et de chacun des hommes ne peut se traduire que par une sous-estimation de ce qui se joue dans notre temps. Un clair regard sur le terme du chemin donne au contraire lumière et force au pèlerin qui avance à pas lents.

Même s'il est difficile à rejoindre par tous ceux qui sont dans la détresse d'une séparation particulièrement douloureuse, le dernier mot est à chercher dans la foi, l'espérance (nous venons de le voir à propos de l'enfer) et l'*amour*. Empruntons-le à Tertullien dans un de ces cris du cœur dont il a le secret :

Cette chair que Dieu assembla de ses mains à l'image de Dieu, qu'il anima de son souffle à la ressemblance de sa puissance de vie, qu'il établit pour habiter dans toute son œuvre, en jouir et lui commander, qu'il revêtit de ses mystères et de ses enseignements, dont il aime la pureté, dont il approuve les mortifications, dont il évalue sur lui-même les souffrances, cette chair-là ne ressusciterait pas, après avoir été tant de fois la chose de Dieu ? Arrière, arrière, la pensée que Dieu puisse abandonner à une destruction éternelle l'œuvre de ses mains, l'objet des soins de son intelligence, l'enveloppe de son souffle, la reine de sa création, l'héritière de sa libéralité, le prêtre de sa religion, le soldat qui lui rend témoignage, *la sœur de son*

*Christ*. Nous savons que Dieu est très bon, nous apprenons de son Christ qu'il est le seul très bon. C'est lui qui commande l'amour du prochain à la suite du sien, il fait donc lui-même ce qu'il enjoint : *il aime la chair qui est son prochain à tant de titres* [1].

1. TERTULLIEN, *La résurrection de la chair*, L IX. P.L. 2, 807 ab, trad. J. Moingt.

# Table

## Dans la même collection

André Barral-Baron, *Choisir le mariage.*

Jean-Noël Bezançon, *Jésus le Christ.*

Henri Boucherie, *Qui donc est Dieu ?*

Henri Bourgeois, *Le baptême et la vie baptismale.*

François Brossier, *Atlas de l'histoire biblique.*

Jean-Yves Calvez, *Développement, emploi, paix.*

Charles Chauvin, *Le clergé à l'épreuve de la Révolution (1789-1799).*

Lucien Deiss, *La messe. Sa célébration expliquée.*

Gérard Devulder, *L'évangile du bonheur. Les béatitudes.*

Albert Donval, *La sexualité.*

Jean-Pierre Dubois-Dumée, *La prière. Pourquoi ? Comment ?*

Régine du Charlat, *Tournés vers Dieu. La vie du chrétien.*

Philippe Ferlay, *Dieu, le Saint-Esprit.*

Françoise Ladouès, *Brève histoire de l'Église catholique.*

Jean-Pierre Leclercq, *La confirmation.*

Madeleine Le Saux, *La catéchèse.*

Antoine Liagre, *La maladie traversée.*

Jean-Pierre Lonchamp, *La création du monde.*

Gabriel Marc, *Vivre avec les biens.*

Alain Marchadour, *Grands thèmes bibliques. Naissance et affirmation de la foi.*

Robert Scholtus, *Les sacrements, source de vie.*

Bernard Sesboüé, *La résurrection et la vie.*

Jean-François Six, *Comment peut-on croire aujourd'hui ? Un Dialogue.*

Achevé d'imprimer le 6 septembre 1990
dans les ateliers de Normandie Impression s.a. à Alençon
(Orne)
pour le compte des éditions Desclée de Brouwer.
Dépôt légal : septembre 1990

*Imprimé en France*